PETIT MANUEL

POUR SERVIR AU

DRESSAGE DU CHEVAL DE GUERRE

Par J. DELBOS

PARIS

Henri CHARLES-LAVAUZELLE

Éditeur militaire

10, Rue Danton. Boulevard Saint-Germain, 118

(MÊME MAISON A LIMOGES)

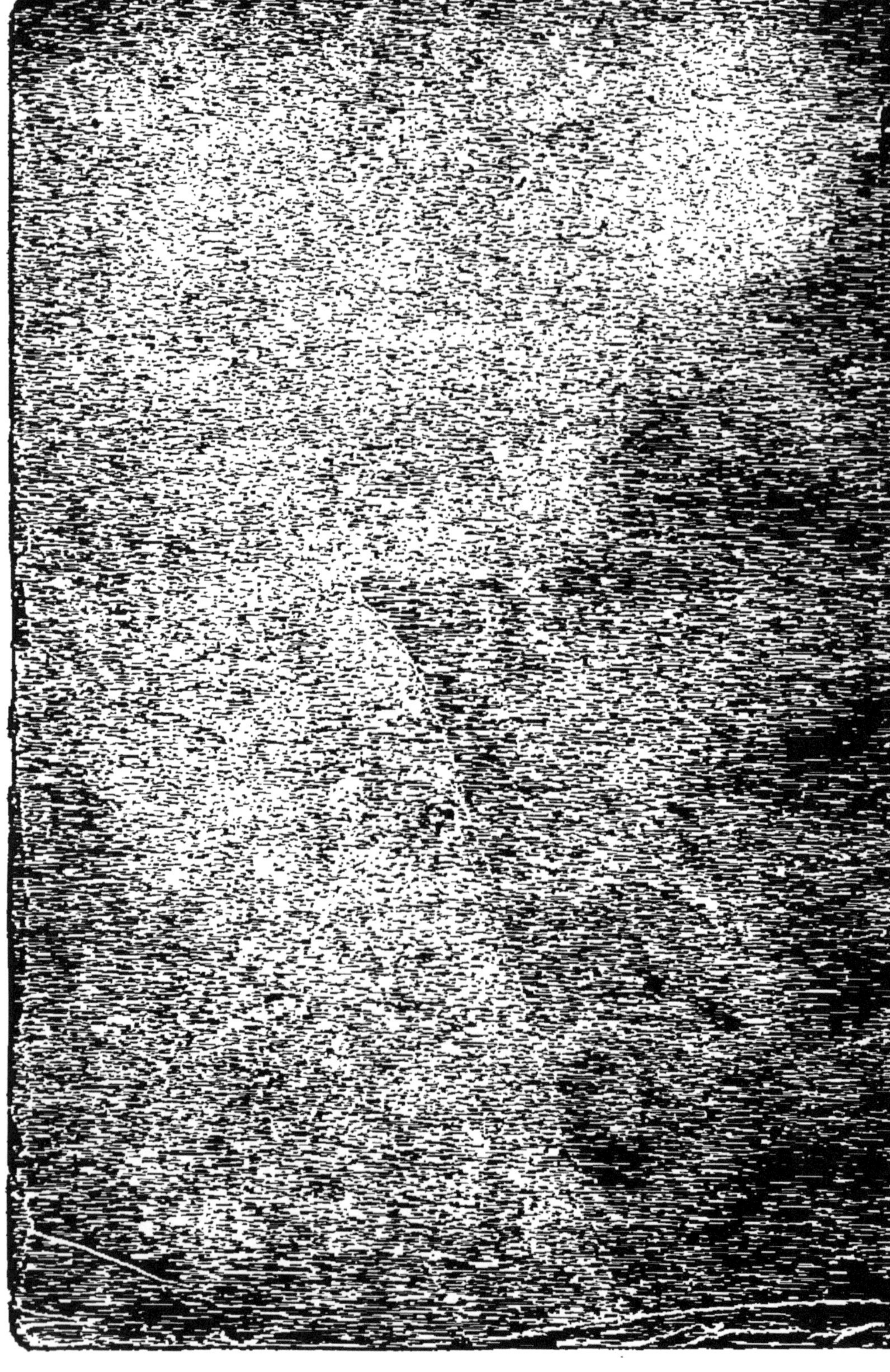

PETIT MANUEL

POUR SERVIR AU

DRESSAGE DU CHEVAL DE GUERRE

PETIT MANUEL

POUR SERVIR AU

DRESSAGE DU CHEVAL DE GUERRE

Par J. DELBOS

PARIS

Henri CHARLES-LAVAUZELLE

Éditeur militaire

10, Rue Danton, Boulevard Saint-Germain, 118

—

(MÊME MAISON A LIMOGES)

PETIT MANUEL

POUR SERVIR AU

DRESSAGE DU CHEVAL DE GUERRE

PRÉLIMINAIRES

De tout temps, les grands chefs de la cavalerie se sont préoccupés, avec juste raison, du dressage des jeunes chevaux.

C'est qu'il importe avant tout, pour qu'une troupe de cavalerie soit à hauteur de sa mission, que les chevaux se prêtent à l'emploi que l'on veut faire d'eux.

D'autre part, il y a lieu de considérer aussi que, lorsque dans un corps le dressage est bien mené, toute l'instruction y gagne considérablement.

En effet, si l'on place, dès leur arrivée, les hommes de recrue sur des chevaux dociles et d'une conduite facile, ils sont immédiatement en confiance, ils prennent goût au cheval, l'aiment, le soignent volontiers, sont heureux de le monter, évitent les exemptions au lieu de les rechercher ; enfin, ils profitent bien mieux des leçons qui leur sont données et par cela même ils sont beaucoup plus vite instruits.

En outre, l'on n'a que de rares accidents à déplorer. Mais si nous avons admis préalablement que des chevaux étaient « bien dressés », il est évident qu'il a fallu tout d'abord atteindre ce résultat ; car les chevaux n'arrivent pas dans les corps prêts à être employés. Or, si l'on a des cavaliers instruits, c'est-à-dire montant bien, il sera facile, avec ces éléments, de dresser les jeunes chevaux.

En effet, dans un corps de cavalerie tout se tient, tout s'enchaîne, hommes et chevaux :

L'un fait l'autre.

Que des hommes de recrue soient placés, dès leur arrivée, sur des chevaux difficiles, d'une conduite pénible ou presque impossible... il y aura d'abord des chutes nombreuses ; les jeunes cavaliers, malgré leur bon vouloir, ne pourront maîtriser ou même diriger leurs chevaux ; ils ne comprendront rien aux leçons de leurs instructeurs, parce que, tout en se conformant aux indications qui leur seront données, ils n'obtiendront pas de leurs chevaux les mouvements correspondants; et, ensuite, parce que la préoccupation trop grande qu'ils auront de leurs montures ne leur permettra pas, le plus souvent, de prêter une oreille attentive aux leçons de leurs instructeurs.

Il s'ensuivra qu'ils ne prendront pas confiance, que le plaisir de monter à cheval sera considéré par eux comme une corvée, à laquelle ils chercheront à se soustraire, et, comme les chutes seront fréquentes, il y aura par conséquent plus d'exemptions, et, par cela même, plus de fatigues pour les hommes valides, lesquels n'en devront pas moins assurer, malgré cela, toutes les autres parties du service.

Plus tard, enfin, ces cavaliers médiocres ou mauvais devront apporter aussi leur appoint dans la constitution des cadres. Ayant de mauvais principes et peu de goût pour le cheval, les gradés ne feront jamais que des cavaliers insuffisants.

A leur tour, ils ne sauront pas dresser les jeunes chevaux, et, lorsqu'ils auront des recrues à instruire, ils ne pourront être que mauvais instructeurs.

Quant aux cavaliers qui resteront disponibles pour le dressage (défalcation faite encore des ouvriers, ordonnances et employés divers), ces hommes ne sachant rien, il est bien évident qu'ils ne pourront rien apprendre à leurs chevaux, sauf, le plus souvent, à devenir rétifs.

Et ainsi, la roue tournant toujours, la troupe ne sera jamais instruite. Lourdeur dans les évolutions, manque de cohésion dans les lignes, accidents de toutes sortes, enfin troupe d'un emploi difficile et toujours incertain... telles sont généralement les conséquences d'une mauvaise instruction équestre.

Connaissant ainsi le mal et aussi le remède, puisque nous venons de voir que le dressage des chevaux est la base sur laquelle repose l'instruction de la troupe, il s'agit donc de fixer, si c'est possible, la méthode la plus sûre pour arriver au meilleur résultat, en tenant compte, bien entendu, des exigences du service et du temps passé par les hommes sous les drapeaux.

DISPOSITIONS GÉNÉRALES

Il est admis actuellement dans les corps de troupe de cavalerie que le dressage des jeunes chevaux se poursuit pendant deux ans.

Arrivés aux corps généralement fin octobre, ces chevaux sont réputés dressés deux ans après, à l'époque des grandes manœuvres.

C'est une mesure très sage. Il importe, en effet, non pas seulement à cause de la fatigue des membres, car il n'y a qu'à faire travailler les chevaux sur un sol convenable et modérément pour ne pas les fatiguer, mais à cause du peu d'aptitude des cavaliers, même des meilleurs, il importe, disons-nous, que le dressage soit mené très lentement. Il faut que ce soit, en somme, par habitude que le cheval exécute, dans la suite, sans hésitation tous les mouvements qui lui sont demandés. Mais il est bien certain qu'une année de dressage suffira pour apprendre au jeune cheval les quelques exercices, d'ailleurs très simples, qu'il doit connaître. La deuxième année sera donc consacrée à le confirmer dans ce qu'il aura appris et, de plus, on l'habituera à une résistance un peu plus grande en prolongeant la durée des séances.

Toutefois, on devra bien se garder, pendant toute la durée du dressage, de demander aux chevaux de trop grands efforts, et on veillera à ce qu'ils soient toujours en bon état. Certes, trop de graisse et un trop gros ventre constituent un poids de plus qui peut parfois fatiguer les membres, mais il ne faut pas oublier que, généralement, tous les bons chevaux ont un peu de ventre lorsqu'ils sont encore poulains, et cet état persiste d'autant plus que le cheval est lent à se former. Il vaut mieux donc (surtout pour les grands chevaux, lesquels sont toujours « faits » plus tard) modérer tout travail nécessitant d'importants efforts, tels que galop d'extérieur, sauts, etc.

Si l'on craint pour les membres, prolonger le travail, si c'est possible, et diminuer la ration, principalement celle de foin. Il faut aussi prendre des dispositions pour que, pendant toute la durée du dressage, les chevaux aient une haute litière (n'y aurait-il même, à l'extrême rigueur, que du fumier), afin qu'ils puissent se coucher le plus possible pour reposer leurs membres.

DISPOSITIONS SPÉCIALES

Comme les jeunes chevaux sont mobilisables dès l'âge de cinq ans, c'est-à-dire deux ou trois ans après leur arrivée aux corps, il y a lieu d'adopter quelques mesures spéciales en vue de les utiliser le plus tôt possible, le cas échéant. Quoi que l'on fasse, on n'arrivera certainement pas à dresser des jeunes chevaux en quelques jours. Dans le cas d'une mobilisation éventuelle se produisant dès les premiers jours de l'année où les jeunes chevaux deviennent réglementairement mobilisables, il conviendrait donc d'en atteler le plus possible, afin de laisser disponibles pour le service de la selle un nombre correspondant de vieux chevaux.

A cet effet, et même en vue du dressage, il est bon de mettre les jeunes chevaux sur les traits dès leur arrivée dans les escadrons.

Evidemment, ce serait parfait si l'on pouvait consacrer, les premiers temps, un ou deux jours par semaine à atteler ces chevaux ; mais avec les exigences du service, avec l'instruction intensive des recrues qui se donne aussi à cette époque, en raison du petit nombre de voitures dont on peut disposer, etc., etc., tout ce qui paraît bien, théoriquement, n'est pas toujours facilement réalisable.

Il y a cependant un moyen assez pratique pour exercer les jeunes chevaux au trait, sans trop compliquer le service. Il consiste à profiter, dans chaque escadron, des jours de distribution de fourrages de l'unité, pour doubler, ce jour-là, les attelages avec des jeunes chevaux, lesquels, ayant ainsi avec eux de bons maîtres d'école, s'habituent très vite au trait.

Ainsi, avec un attelage de quatre chevaux (pour un chargement correspondant à la force de deux chevaux seulement), on place les deux vieux chevaux l'un devant l'autre, du côté de la main, et l'on accouple les deux jeunes à ceux-ci du côté hors montoir.

Si c'est possible, on peut aussi habituer préalablement ces jeunes chevaux à supporter le harnais en le leur laissant pendant quelque temps sur eux à l'écurie, ou bien par un des nombreux systèmes préconisés. Enfin si, nous reportant à ce qui vient d'être dit précédemment, nous envisageons le cas d'une mobilisation éventuelle avant le 15 mars, date à laquelle les recrues deviennent seulement mobilisables, nous pouvons être étonnés de ce fait que, réglementairement, les jeunes chevaux de complément sont mobilisables avant les jeunes cavaliers !

Il semblerait cependant préférable de faire coïncider ces deux dates, d'autant plus que, ainsi qu'il a été précédemment exposé, pour dresser des jeunes chevaux, même sommairement, il faut le temps matériel de le faire.

Il paraît donc ressortir de ceci que les nécessités du service, en envisageant toujours la possiblilité d'une mobilisation éventuelle avant la fin des deux années de dressage des jeunes chevaux, obligent néanmoins les chefs de corps, et par conséquent les officiers chargés du dressage, à diriger leur instruction de manière à parer autant que possible à cette éventualité, mais en évitant, toutefois, de compromettre le dressage proprement dit et de ruiner les jeunes chevaux.

Prenant donc comme base, relativement au dressage des jeunes chevaux, l'instruction des hommes de recrue, on peut diviser également le dressage en deux phases principales :

1° *Dressage élémentaire*, de l'arrivée des jeunes chevaux dans les escadrons au 15 mars ;

2° *Dressage complémentaire*, du 15 mars à l'époque des grandes manœuvres de l'année qui suit.

PREMIÈRE PHASE

Dressage élémentaire.

La progression à suivre dans le dressage élémentaire peut être la suivante :

Acclimater le cheval ;

L'habituer à la vue des objets extérieurs ;

L'assouplir, tout en le familiarisant avec les trois allures et l'habituant par cela même au travail, ce qui est pour lui un premier entraînement ;

L'habituer au poids du cavalier, ainsi qu'à la vue, au bruit et au contact des armes ;

Lui apprendre à marcher droit et à changer de direction ;

A passer et même à sauter de légers obstacles ;

A supporter la bride.

Pour mener à bien ce dressage élémentaire, il suffit de suivre la progression rationnelle de tout dressage, jusques et exclusivement au saut, et de prendre ensuite la bride pendant une quinzaine de jours, revenant avec elle sur les mouvements déjà exécutés en bridon.

Le temps auquel correspond ce travail se trouvant exactement délimité entre l'arrivée des jeunes chevaux aux corps et le 15 mars, date où les hommes de recrue deviennent mobilisables, on peut le diviser, à cet effet, en quatre périodes distinctes :

1° De l'arrivée des jeunes chevaux au 15 novembre : acclimatement et promenades à l'extérieur ;

2° Du 15 novembre au 1er février : assouplissements, travail à la longe ;

3° Du 1er février au 1er mars : travail en bridon ;

4° Du 1er mars au 15 mars : travail en bride.

A cette dernière date, les jeunes chevaux pourront, de la sorte, au cas d'une mobilisation, être utilisés dans les pelotons à un service de rang.

Il va sans dire que s'il se trouve dans un escadron un ou deux chevaux d'un dressage difficultueux, l'instructeur ne devra pas s'en inquiéter outre mesure. Plutôt que de risquer d'accroître ou de faire naître la rétivité par un dressage trop hâtif, il les mènera, tout au contraire, très sagement, ne perdant pas de vue qu'en cas de nécessité il resterait toujours la ressource de les atteler s'ils n'étaient pas prêts pour un service de selle.

En ce qui concerne le travail en bridon, il ne devra être employé, pendant cette période, que l'allure du trot pour l'exécution des différents mouvements, y compris les sauts d'obstacles. Les chevaux devront être exercés au galop seulement sur la ligne droite, n'ayant autre chose à faire, à cette allure, qu'à suivre la piste. Et le galop sera toujours pris sur le cercle et par allongement d'allure.

On se bornera, pendant les quelques jours de travail en bride, à répéter au pas et au trot les quelques mouvements déjà exécutés en bridon et à franchir quelques obstacles, en reprenant pour cela les chevaux sur le filet.

Dans tout ce travail, quelle que soit l'allure employée, on devra s'efforcer de se rapprocher le plus possible de la vitesse réglementaire, afin de maintenir toujours chez le cheval l'impulsion en avant, et de ne pas trop le gêner dans ses allures par un « rassembler » hâtif ou exagéré.

A cet effet, les mouvements devront être très larges. Dans la volte, le cavalier n'hésitera pas à aller au delà du milieu du manège, de manière que le développement plus grand du parcours lui permette de maintenir l'allure sur le cercle et facilite son changement de direction continu.

Quelque temps avant de se servir de la bride, l'instructeur devra passer une revue minutieuse d'ajustage et bien s'assurer que les brides sont à la longueur voulue et que les mors vont bien.

Il ne devra pas hésiter à faire échanger tout mors trop large ou trop étroit, ainsi qu'à faire percer des trous aux cuirs partout où ce sera nécessaire. Il n'y a malheureusement dans les corps qu'un modèle de mors ; c'est bien regrettable, car les chevaux n'ont pas tous la même conformation de bouche et, pour bien faire, à chacune d'elles devrait correspondre un mors approprié.

Néanmoins, en y prenant grand soin, on peut remédier à bien des défectuosités.

Pour cela, il ne faut pas dédaigner d'ouvrir au besoin la bouche du cheval, afin de bien se rendre compte de la constitution des barres. Du reste, même si ces dispositions préalables n'ont pas été prises, un bon instructeur ne tardera pas à s'apercevoir dans le cours du travail, de toutes les brides qui n'iront pas.

Si le mors est trop étroit, il gêne le cheval, ne joue pas convenablement à l'action des rênes et paralyse par conséquent leurs effets ; s'il est trop large, l'inconvénient est moins grave, mais, pourvu d'un passage de langue, il peut basculer dans la bouche et il est toujours disgracieux ; il alourdit, en outre, la tête du cheval et le prédispose à battre à la main

Selon que les barres sont plus ou moins tranchantes et sensibles, le mors doit être ajusté plus ou moins bas. Très haut pour les chevaux fins, à bouche trop délicate, il doit être descendu jusqu'auprès des crochets ou des coins chez les chevaux à barres épaisses et à lèvres repliées.

Il est bon d'examiner aussi la situation de la langue à son état normal. Chez certains chevaux, au lieu d'être logée entièrement dans son canal, elle n'y trouve pas place, par suite du peu de profondeur de celui-ci, de sorte qu'elle s'élève au-dessus des lèvres et des barres de la moitié de son épaisseur.

Avec ces chevaux, il est donc indispensable d'avoir des mors à fort passage de langue afin que celle-ci ne se trouve pas trop comprimée ; sans quoi les chevaux en souffrent et bientôt leur langue tend à devenir pendante.

Enfin, lorsqu'un cheval craint trop le mors ou que la gourmette le blesse, on peut substituer à la gourmette en acier une gourmette de même largeur en cuir non doublé, qu'il est aisé de faire confectionner par le maître sellier du corps. Il suffit pour cela de coudre deux ou trois maillons de gourmette aux deux extrémités d'un tout petit morceau de cuir.

De même, s'il arrive qu'un cheval difficile et insuffisamment dressé, au lieu d'accepter le mors de bride, ouvre la bouche sous l'action des rênes et tire à la main, en avançant la tête, au lieu de goûter son mors, on peut employer comme muserolle une courroie de paquetage, que l'on passe à cet effet dans les porte-mors, en entourant ainsi le chanfrein et en serrant un peu. Ne pouvant plus alors ouvrir la bouche, le cheval échappe moins à l'action du mors et cède généralement à ses effets.

Certes, ce n'est pas ainsi que l'on assouplit la mâchoire du cheval et que l'on arrive, par conséquent, à le dresser! Mais ce procédé permet au besoin de l'utiliser, ce qui en justifie alors dans ce cas pleinement l'emploi.

Acclimatement.

A leur arrivée dans les escadrons, il vaut mieux que les jeunes chevaux soient groupés ensemble que répartis dans les pelotons. Il est ainsi plus facile de les surveiller et de les soigner.

L'acclimatement, qui a déjà commencé, pour la plupart d'entre eux, dans les dépôts de remonte, annexes ou établissements hippiques d'où ils viennent, se poursuit dès leur arrivée au corps et se continue jusqu'au moment de la mise en dressage, pour se confondre, en quelque sorte, alors avec lui. Il faut avec les jeunes chevaux beaucoup de douceur. Ceux qui sont nerveux, irritables, doivent être confiés pour le pansage et autres soins aux hommes les plus doux. Il faut éviter d'attacher à la forge les chevaux qui « tirent au renard ». C'est munis d'un caveçon qu'ils doivent y être conduits, et un homme expérimenté doit les tenir ainsi pendant tout le temps que dure leur ferrage. Il doit en être de même, d'ailleurs, de tout cheval difficile à ferrer.

Quelques bons coups de caveçon appliqués à point toutes les fois que le cheval bouge suffisent généralement pour le corriger.

Promenades à l'extérieur.

Dès l'arrivée des jeunes chevaux dans les escadrons, les promenades doivent commencer. Les jeunes chevaux sont pour cela tenus en main par des cavaliers montant des chevaux dressés. Il y a généralement assez de vieux chevaux dans les escadrons pour ce service, même après l'arrivée des recrues. Et au cas où on en manquerait, il serait toujours possible de se servir pour cela des chevaux qui sont dans leur deuxième année de dressage.

Les jeunes chevaux sont d'abord promenés nus. Ils sont ensuite sellés, afin de les habituer au poids de la selle et à son contact, ainsi qu'à celui de la sangle.

Il est bon que les promenades soient assez longues (d'une durée de deux heures au moins) et que l'allure du pas soit presque exclusivement employée. On peut cependant, sans inconvénient, faire quelques temps de trot, mais en ayant soin d'aller lentement et de bien faire observer les distances, afin d'éviter les coups de pied.

Ces promenades au grand air sont très propices à des chevaux qui viennent d'être retirés pour la plupart des paddocks où ils prenaient à volonté leurs ébats. Elles constituent en quelque sorte la transition entre l'entière liberté et l'obéissance. De plus, pendant cet exercice, ils commencent à s'habituer un peu à la vue des objets extérieurs.

Il importe aussi de ne pas tenir ces chevaux toujours du même côté. On doit les promener en main à droite et à gauche alternativement, pour que leur encolure ne prenne aucun mauvais pli et exiger, pour la même raison, que les cavaliers qui les soignent n'entrent pas dans leurs stalles exclusivement du côté montoir.

Les promenades peuvent se continuer ainsi jusqu'au milieu de novembre. En outre, quel que soit le travail que l'on fasse plus tard, on devra sortir les jeunes chevaux à l'extérieur au moins une fois par semaine.

Travail à la longe.

Le travail à la longe est de la plus grande importance; ses avantages sont multiples et, intelligemment exécuté, il ne saurait présenter aucun inconvénient. Le nombre des jeunes chevaux mis en dressage annuellement dans un escadron étant d'environ 24 ou 25, il y a lieu de se munir, pour ce travail, de cinq ou six caveçons, afin de pouvoir exercer simultanément un même nombre de chevaux, de manière à ne pas trop prolonger la durée de ce travail. Si l'on a un manège à sa disposition, on peut l'employer, et quatre ou cinq chevaux peuvent y être exercés aisément en même temps.

En consacrant une demi-heure par jour au travail de chaque cheval, on peut compter qu'il faudra par conséquent environ deux ou trois heures pour exercer dans ces conditions les jeunes chevaux d'un escadron. Parfois, il est difficile aux escadrons (surtout pendant la période correspondante) de disposer pour cela d'un manège pendant trois heures.

Il appartient alors au chef de corps de prendre les mesures nécessaires pour assurer ce service au dehors en faisant construire par les sapeurs des ronds de voltige dans la cour du quartier ou en tout autre lieu convenablement situé.

Et ceci d'ailleurs n'en vaudra que mieux, surtout si l'on a soin d'élever autour un bon talus, car le cheval voyant ainsi son chemin tout tracé ne cherchera pas à tirer à la main et sera, par conséquent, habitué plus vite à ce travail.

Le règlement indiquant la façon dont

un cheval doit être mis à la longe, il n'y a pas à y revenir ici. Ce qu'il ne faut pas perdre de vue, toutefois, c'est que l'on doit éviter avec soin de brusquer le cheval, surtout au début, afin qu'il ne cherche pas à s'échapper, et il ne faut pas trop le fatiguer non plus, pour qu'il ne se rebute pas.

Il importe également qu'à chaque séance, tout cheval travaille pareillement aux deux mains, afin qu'il s'assouplisse uniformément des deux côtés.

Enfin, la chambrière dont on se sert doit traîner par terre en arrière du cheval, maintenue plus ou moins près de lui, selon le cas; on doit éviter de la faire claquer.

S'il est insisté ici particulièrement sur ce travail à la longe, c'est que beaucoup de cavaliers n'en saisissent pas toute la portée.

Quelques-uns dénigrent même ce qu'ils qualifient volontiers de travail à pied, affirmant sentencieusement que le cavalier dresse sa monture à cheval!...

Des mots, tout cela! Rien de plus. Laissons ces « combatifs » à leur ouvrage. Ne les contrarions pas. Ce qu'il leur faut, c'est la lutte. Evitons de les imiter. Persuadés que la meilleure méthode de dressage est celle qui repose

sur l'adresse, plutôt que sur la force,
profitons de tous les moyens que peut
nous suggérer notre intelligence pour
mettre à profit notre supériorité sur l'a-
nimal, en nous dépensant le moins possible et en évitant aussi de tarer nos
chevaux.

D'aucuns se figureraient encore perdre
du temps en s'employant à ce travail.
Ignorants des principes les plus élémentaires du dressage, ils croient très sincè-
rement que le plus sûr moyen d'aller
vite et de faire bien consiste à mettre dès
le premier jour des cavaliers inexpéri-
mentés sur des chevaux neufs et de leur
faire faire ainsi de longues marches sur
les routes, à des allures extravagantes,
ou bien, lorsqu'ils vont dans un manège,
à multiplier les mouvements.

Il n'en est rien, heureusement. Et le
cheval le plus rapidement et le mieux
dressé n'est pas, généralement, celui qui
travaille le plus, mais celui à qui l'on
fait faire un travail bien entendu et bien
compris.

Ainsi, à l'aide du travail à la longe,
on peut :

1° Assouplir le cheval ;
2° L'habituer à supporter son cavalier

et à subir le contact de la main et des jambes ;

3° Le familiariser avec les différentes allures et cadencer celles-ci ;

4° Lui apprendre : à se porter en avant à la pression des jambes et à ralentir ou s'arrêter à la traction des rênes; à ranger les hanches à la pression de l'une ou de l'autre jambe; à reculer; à accélérer le pas et le trot et enfin à passer successivement d'une allure à l'autre ;

5° De plus, ces diverses connaissances étant acquises, il sera possible :

a) De donner la leçon de l'éperon ;
b) De préparer le cheval au saut.

En outre, lorsqu'il sera nécessaire, dans la suite, pendant les classes des recrues, de recourir momentanément au travail à la longe pour mettre un homme en confiance, le cheval y sera tout préparé.

Voilà, semble-t-il, plus de titres qu'il n'en faut à ce travail pour en démontrer l'utilité.

Examinons maintenant comment devra s'y prendre l'instructeur pour obtenir ces divers résultats.

La longe est évidemment d'un emploi très difficile, surtout si l'on vise à la perfection; mais il n'est pas nécessaire cependant d'être un écuyer consommé pour y exercer un cheval et obtenir même de bons résultats: Il est indispensable, toutefois, que l'officier appelé à diriger un dressage fasse auparavant les théories pratiques nécessaires à ses hommes, et particulièrement aux gradés chargés de tenir la longe.

Comme règle générale, le cheval doit toujours être engagé dans l'allure progressivement, et, chaque fois qu'il manifeste de l'inquiétude, on doit l'arrêter, le caresser et recommencer ainsi jusqu'à ce que le calme soit obtenu.

Assouplissement du cheval.

En l'exerçant successivement et progressivement aux différentes allures et aux deux mains, le cheval arrive à s'incurver sur le cercle, à se calmer et à se cadencer.

Or, comme il ne peut aller vite pendant longtemps, sur un cercle aussi étroit, sans se fatiguer, il arrive que le plus impressionnable même ne tarde pas à se modérer.

Le cheval doit être exercé d'abord, avons-nous dit, nu ; ensuite sellé et enfin, en dernier lieu, monté.

La première fois que le cavalier se met en selle au travail à la longe sur un cheval neuf, il se contente de le « charger ». A cet effet, le cheval n'est même pas bridonné, ou bien si, pour plus de prudence, on lui passe un bridon, les rênes doivent être laissées sur l'encolure, nouées. Le cavalier se tient au besoin à la crinière ou à la selle si le cheval présente quelques difficultés.

Plus tard, le cavalier prend les rênes et conduit lui-même le cheval sur le cercle, l'instructeur n'intervenant avec la longe qu'il tient à la main qu'en cas de nécessité. Mais à aucun moment, le cavalier ne doit agir de sa propre initiative. Il se borne à exécuter simplement ce que lui commande l'instructeur.

Lorsque le cheval arrive à être bien cadencé dans l'allure et à passer aisément et avec calme d'une allure à l'autre, l'instructeur lui apprend à ranger les hanches.

Pour cela, il se munit, au préalable, d'une cravache. (Il y a même avantage, la plupart du temps, à se servir de la cravache à la place de la chambrière, cela dépend des chevaux.)

Ayant, par exemple, arrêté son cheval bien droit sur le cercle, après un travail à main gauche, il se place à peu près à hauteur de l'épaule gauche et à quelques pas sur le côté, tenant la longe de la main gauche et la cravache de la main droite, et il prescrit au cavalier de fermer la jambe gauche, pendant qu'il tire lui-même sur la longe avec la main gauche et qu'il touche en même temps légèrement et par petits coups le cheval, en arrière des sangles, avec la cravache. Étant ainsi habitué à changer plusieurs fois de main, sur le cercle, au cours de chaque exercice, le cheval arrivera bien vite à céder à l'effet de la jambe. Peu à peu la traction de longe sera diminuée et cessera, ainsi que l'action de la cravache, le cavalier restant seul à agir avec la jambe.

Employer les moyens inverses pour faire pirouetter le cheval, lorsqu'il se trouve à main droite.

Après avoir appris ainsi au cheval à céder aux effets isolés des jambes, lui apprendre à se porter en avant à la pression de celles-ci en le chassant au besoin en avant avec la chambrière, pendant que le cavalier l'étreint avec les jambes.

Reculer.

Pour l'exécution de ce mouvement, assez difficile pour le cheval, l'instructeur saisit une rêne de bridon de chaque main et fait d'abord reculer le cheval non monté. Ce premier résultat obtenu, il se place devant le cheval, lui faisant face et ayant en mains la longe en évitant d'opérer une traction quelconque sur celle-ci, qui doit rester légèrement flottante. Il prescrit alors au cavalier de rapprocher un peu les jambes pour faire engager légèrement l'arrière-main et d'opérer ensuite une traction progressive sur les rênes, tout en maintenant les jambes près, jusqu'à ce que le recul se produise. En cas de résistance, il vient en aide au cavalier en agissant, avec le caveçon, plus ou moins vivement sur le chanfrein du cheval, jusqu'à ce qu'il cède.

Il faut profiter, en dernier lieu, de ce que les chevaux sont calmes pour les habituer à supporter le sabre à la selle et à ne pas s'effrayer lorsque le cavalier met le sabre à la main. On doit d'abord tirer le sabre du fourreau doucement, le cheval étant de pied ferme. L'instructeur se place à un ou deux pas devant le cheval, bien en face, tenant toujours la longe qu'il tend légèrement.

Si le cheval ne bouge pas, le cavalier le flatte après avoir tiré son sabre et remet ensuite la lame au fourreau; si le cheval bouge, l'instructeur lui parle tout en tendant un peu plus la longe, jusqu'à ce qu'il se soit calmé, et le cavalier doit éviter de le caresser avant ce moment-là.

Répéter ensuite ces mêmes mouvements, le cheval étant en marche sur le cercle.

Généralement, ces moyens suffisent à obtenir le résultat voulu. Les chevaux qui y résistent sont rares, et il est bien difficile d'indiquer ici quels sont les procédés les plus propres à les maîtriser, attendu qu'après la douceur et la sévérité, il ne reste plus guère à employer que la violence. Or, l'on ne doit recourir à celle-ci qu'à la dernière extrémité, et encore si l'on est à peu près certain de réussir.

Cependant ce dernier moyen peut être employé avantageusement par des mains expérimentées. On peut s'y prendre alors de la façon suivante :

Le cheval, muni d'un bon caveçon, d'une longe suffisamment forte et monté par un vigoureux cavalier, est placé dans un des coins du manège, la croupe au mur. L'instructeur qui tient la longe prescrit au cavalier d'agiter le fourreau de façon qu'il fasse quelque bruit, et aussitôt que le cheval bouge (le cavalier prévenu se tenant bien), l'instructeur envoie un violent coup de caveçon au cheval. Celui-ci, après avoir bondi ou s'être cabré, est effrayé et garde généralement l'immobilité pendant un instant. Le cavalier agite de nouveau le fourreau, mais très doucement cette fois-ci. Et si le cheval ne bouge pas, il le caresse. En recommençant ainsi plusieurs fois, on arrive presque toujours au résultat cherché. Il faut avoir soin de ne pas trop insister le premier jour. Ce n'est que peu à peu que l'on tire définitivement le sabre et que l'on exécute ensuite des mouvements, d'abord lents, autour de la tête du cheval.

Enfin, avant de terminer le travail à la longe, on doit donner la leçon du montoir : le cheval étant tenu à l'aide du caveçon, comme il a été dit précédemment pour la leçon du sabre ; la leçon de l'éperon (donnée à tous les chevaux) et enfin terminer par le passage et les sauts d'obstacles.

Leçon du montoir.

Pour habituer les chevaux à être dociles au montoir, il faut d'abord recommander aux cavaliers de ne pas leur donner de coups avec la pointe de leur pied quand ils mettent le pied à l'étrier, et de bien rapprocher ensuite le genou de la selle, pour la même raison, avant de s'élancer pour s'enlever sur l'étrier.

L'instructeur, placé bien devant le cheval et le regardant, conserve sa longe légèrement tendue, et si le cheval bouge il lui parle sévèrement, et au besoin lui donne un léger coup de caveçon.

Le mouvement est recommencé des deux côtés et, s'il le faut, plusieurs jours de suite, jusqu'à ce que le cheval garde l'immobilité. Avant de monter à cheval, le cavalier doit aussi avoir bien soin d'ajuster ses rênes, en faisant prédominer un peu la rêne du côté où le cheval peut avoir une tendance à jeter ses hanches (rêne droite généralement).

Leçon de l'éperon.

La leçon de l'éperon est, ainsi que l'indique le règlement, une leçon très délicate à donner.

La longe doit toujours être tenue par un officier ou un sous-officier expérimenté, comme d'ailleurs pour toutes les leçons spéciales pouvant nécessiter une correction.

La leçon de l'éperon peut être donnée sur la ligne droit ou bien sur le cercle.

Sur la ligne droite, le cheval, monté

par un sous-officier vigoureux ou un très
bon cavalier, est muni d'un caveçon et
tenu à l'aide de la longe par l'instructeur. Le cavalier laisse tomber les rênes
sur l'encolure et se tient à la selle. Au
commandement de l'instructeur, qui se
place à cinq ou six mètres en avant du
cheval et sans le regarder, le cavalier
rapproche les jambes pour déterminer
le mouvement en avant et applique ses
deux éperons simultanément en arrière
et très près des sangles, pendant que
l'instructeur tend légèrement la longe
pour indiquer au cheval qu'il doit se
porter en avant. Généralement, en recevant les coups d'éperon, le cheval bondit
en avant. Il est alors dressé à cette leçon.
Le cavalier le caresse dès que l'assiette
est assurée et l'instructeur, en le suivant
un peu pour mieux lui céder, évite de
le faire tourner trop brusquement. On
répète une ou deux fois la leçon, de pied
ferme puis en marche, ayant soin de
bien caresser le cheval toutes les fois
qu'il s'est porté en avant aux coups d'é-
peron.

La première attaque doit toujours être
modérée; les suivantes sont proportion-
nées au degré de sensibilité du cheval.

Sur le cercle, le cheval, muni toujours
du caveçon et de la longe, comme il a

été dit ci-dessus, est tenu par l'instructeur comme pour le travail à la longe et mis en marche au pas dans le rond de voltige. Au commandement de l'instructeur, les éperons sont appliqués comme il a été dit. Le cheval est ensuite calmé à la voix, puis arrêté ou remis au pas. On recommence encore une fois ou deux à l'autre main, et si le cheval fuit l'éperon en s'échappant brusquement en avant, il n'y a plus lieu d'y revenir.

Il peut arriver que le cheval, surpris par les coups d'éperon et ne sachant que faire, se raidisse et ne bouge pas. Dans ce cas, le cavalier répète ses coups d'éperon jusqu'à ce que le bond en avant soit obtenu.

Quelques chevaux chez lesquels existe un fonds de rétivité cherchent aussi, sous les coups d'éperon, à se cabrer. L'instructeur, à l'aide du caveçon, les empêche de se renverser, et le cavalier, se tenant bien, répète violemment ses coups d'éperon, jusqu'au moment où le cheval a cédé.

Les juments quinteuses hésitent aussi quelquefois à se porter en avant aux premiers coups, se campant plutôt que de marcher; mais si le cavalier qui les monte est habile à donner les coups d'éperon et vigoureux cavalier, elles ne résistent pas longtemps. Il faut s'abstenir, bien entendu, de donner cette leçon aux juments en « chaleur », car elles ne ressentent pour ainsi dire rien à ce moment, et le résultat serait par conséquent négatif.

Il est à remarquer que les chevaux, même les plus méchants, ne ruent presque jamais en recevant les éperons bien appliqués. Comme les juments chatouilleuses, ils ne ruent que lorsqu'on les pique mollement.

On peut donner de la même façon la leçon isolée de l'un ou de l'autre éperon. Pour cela, l'instructeur se tient sur le côté, comme il a été dit antérieurement pour la leçon de la jambe, et attire le cheval à lui au moment où l'éperon du même côté chasse la croupe du côté opposé.

En somme, la leçon de l'éperon assure l'obéissance aux aides inférieures et donne surtout — importance capitale — le mouvement en avant. En outre, elle empêche les chevaux de « ruer à la botte ». Les chevaux ayant le plus de « sang » sont parfois ceux qui la supportent le mieux.

Par le coup d'éperon, le cavalier affirme sa domination. Il se pose immédiatement en maître devant le jeune cheval, son esclave, et lui démontre ainsi qu'il devra se plier désormais à toutes ses volontés, sous peine d'un dur châtiment. Mais, l'obéissance obtenue, le cavalier ne saurait avoir trop de bonté pour l'animal docile qui se soumet ainsi à ses exigences.

Passages et sauts d'obstacles.

Il est évident que l'on pourrait attendre la fin du travail en bridon pour exercer les jeunes chevaux au passage et aux sauts d'obstacles.

Cependant, puisqu'il faut toujours en venir à l'emploi du caveçon pour donner convenablement cette leçon, pourquoi la différer?

Il est certain que jamais les chevaux ne seront plus aptes à la recevoir qu'à la fin du travail à la longe. Et, de plus, cette gymnastique du saut, tout en développant le jeu des membres, concourra encore à l'assouplissement du cheval.

On peut commencer par le saut en hauteur et faire passer ensuite le large.

A cet effet, le cheval, muni d'un caveçon, est amené doucement par l'instructeur sur la barre posée à terre. L'instructeur la passe et le cheval suit. Si, en arrivant près d'elle, il s'arrête pour la flairer, l'instructeur, tout en tendant modérément la longe, attend tranquillement et sans se retourner qu'il se décide à la passer. Certains chevaux paraissent voir d'une façon bizarre. Il ne faut donc jamais les brusquer lorsqu'ils cherchent à se rendre compte de ce qu'ils ont devant eux. Un gradé ou un cavalier muni d'une chambrière peut, en outre, se tenir à quelques mètres derrière le cheval, à la disposition de l'instructeur; mais il ne doit intervenir que lorsque celui-ci le lui prescrit. Après que la barre, ainsi disposée, a été passée deux ou trois fois par le cheval sans hésitation, on l'élève d'une dizaine de centimètres et l'on recommence : l'instructeur précédant toujours le cheval et ne l'incitant à sauter que plus tard, lorsque l'élévation de la barre ne permet plus au cheval de la passer sans sauter. A ce moment, l'aide qui tient la chambrière doit intervenir toutes les fois que le cheval s'arrête ou même marque une trop grande hésitation. Un bon coup de chambrière appliqué à point suffit parfois à donner définitivement l'impulsion au cheval.

Les premiers temps, il faut se contenter du moindre saut, c'est-à-dire laisser la barre basse afin que le cheval saute sans effort et ainsi ne se rebute pas. Plus tard, on l'élève peu à peu jusqu'à la hauteur indiquée par le règlement et même en la dépassant d'une dizaine de centimètres, alors que le cheval n'est pas chargé.

Pendant cet exercice, il arrive un moment où la barre est trop élevée pour que l'instructeur puisse la sauter. Il faut donc préalablement mettre le cheval en cercle et lui faire franchir ainsi l'obstacle.

Pour cela on doit descendre de nouveau la barre et ne la remonter ensuite que progressivement, à mesure que l'on voit le cheval confirmé dans le mouvement.

S'il manifestait, malgré tout, de la mauvaise volonté, soit en s'arrêtant devant l'obstacle, soit en cherchant à s'échapper de côté, il ne faudrait pas hésiter à le corriger.

Dans le premier cas, l'instructeur le stimulerait vivement avec la chambrière dès qu'il le verrait hésiter, et dans le second, il prescrirait à son aide de le prendre par les rênes de bridon (les rênes restant toujours sur l'encolure, prises par la sous-gorge), et de l'accompagner ainsi, au petit trot, jusqu'à l'obstacle. L'instructeur, tenant lui-même la longe d'une main et la chambrière de l'autre, surveillerait attentivement le mouvement et sanglerait vigoureusement le cheval d'un coup de chambrière dès qu'il arriverait sur l'obstacle. Après le saut, caresser, bien entendu, comme après tout acte d'obéissance.

De même, si le cheval bourrait à l'obstacle, l'instructeur prescrirait à son aide de le saisir par le bridon, comme il a été dit, et de l'amener ainsi, tout doucement, jusqu'à l'obstacle et même, selon le cas, de l'arrêter un peu avant pour le flatter et le mettre en confiance. En tout cas, dès qu'un cheval bourre à l'obstacle, il faut réduire celui-ci en abaissant la barre autant qu'il le faudra pour que le cheval la saute sans effort et le blaser de la sorte en saut, en le faisant sauter plusieurs fois successives, n'élevant la barre que plus tard et graduellement lorsque le calme renaît.

Les obstacles en largeur sont abordés de la même manière, le cheval devant être amené progressivement à passer alternativement les murs, haies et autres, avec calme et adresse.

Pour les obstacles fixes que l'on ne peut par conséquent baisser, arrêter le cheval près de l'obstacle et le faire reculer de quelques pas au besoin avant le saut. Quelques précautions doivent encore être prises préalablement au saut à la longe :

Il vaut mieux placer une des extrémités de la barre contre le mur du manège qu'au milieu, afin que le cheval, se trouvant ainsi « canalisé » entre le mur, l'instructeur et la chambrière, n'ait d'autre issue que la barre pour s'échapper.

Le chandelier qui supporte la barre du côté de l'instructeur ne doit aussi dépasser que très peu celle-ci, pour ne pas accrocher la longe pendant le saut.

On peut également pour le saut en largeur faire creuser un petit fossé en travers d'un rond de voltige d'abord et ne mettre que plus tard le cheval sur la douve.

De même, il est toujours facile, à l'aide de deux chandeliers, de disposer une barre sur un rond de voltige.

Mais il faut éviter alors de se laisser entraîner à demander au cheval des sauts trop nombreux ou trop précipités. Le saut est d'ailleurs toujours plus difficile sur le cercle que sur la ligne droite. D'autre part, pour le saut sur la ligne droite, l'instructeur doit avoir bien soin de rendre suffisamment de longe au cheval, un peu avant le saut, pour qu'il aborde l'obstacle bien droit, comme aussi de ne le reprendre que progressivement lorsqu'il a sauté, et seulement après une ou deux foulées, afin de ne pas le gêner pendant le saut et de ne pas lui donner d'à-coup, lorsqu'il a sauté, en l'attirant trop brusquement sur le cercle.

Pour faire passer un obstacle, on maintient le cheval au pas, tandis que pour le faire sauter on emploie d'abord le trot et ensuite le galop.

Tout ces exercices sont répétés finalement avec les chevaux montés dans les mêmes conditions que ci-dessus, l'instructeur tenant toujours la longe.

Il y a lieu de faire retirer ou tout au moins de faire envelopper les éperons des cavaliers, afin que, par des mouvements involontaires, ils n'atteignent pas leurs chevaux pendant le saut.

On termine enfin en faisant prendre les rênes aux cavaliers et en leur prescrivant de diriger leurs chevaux, l'instructeur se bornant alors à observer chaque cavalier et à lui signaler les fautes qu'il commet. Il n'agit lui-même, à l'aide de la longe qu'il tient en main, qu'en cas de nécessité.

Il est bien entendu qu'en ce qui concerne la leçon de l'éperon ou le saut, exercices qui nécessitent l'intervention directe de l'officier (ou d'un sous-ordre expérimenté), on n'attend pas jusqu'au dernier moment pour les exécuter. Dans un lot de jeunes chevaux, il y en a toujours de plus adroits ou de plus dociles les uns que les autres; on commence donc à donner ces leçons aux plus avancés en dressage, c'est-à-dire à ceux qui sont les plus aptes à les recevoir. Il s'ensuit que tout se fait en même temps et qu'en s'occupant spécialement d'un ou deux chevaux seulement par séance, l'officier chargé du dressage arrive facilement, avant la fin de cette période, à faire passer les vingt ou vingt-cinq chevaux qu'il a par ses mains.

Pendant toute la période du travail à la longe, les promenades hebdomadaires à l'extérieur doivent avoir lieu comme il a été dit. Les chevaux continuent à être promenés en main, les premiers jours, jusqu'à ce qu'ils aient été déjà montés deux ou trois fois au travail à la longe. Pendant ces promenades, il ne faut rien leur demander. On les fait monter sans éperons ou l'on exige tout au moins que ceux-ci soient mouchetés.

Il n'est pas nécessaire de faire ces promenades entièrement au pas, mais le peu de trot que l'on fait doit être plutôt lent qu'accéléré.

Travail en bridon.

Si le travail à la longe a été bien fait, le cheval est en partie dressé. Le travail en bridon peut être exécuté conformément aux indications contenues dans le règlement en ce qui concerne l'instruction à cheval des recrues. Mais l'officier chargé d'un dressage doit toujours suivre une progression méthodique, de manière à procéder du simple au composé.

Il doit bien se garder, par conséquent, de suivre la progression indiquée dans le règlement, laquelle est établie en vue de l'instruction des hommes et non pour le dressage des jeunes chevaux.

Comme règle générale, pendant le cours du dressage, toutes les fois qu'un cheval ne donne pas le mouvement demandé, l'instructeur doit observer particulièrement la façon dont le cavalier qui le monte se sert de ses aides.

Or, il ne tarde pas à s'apercevoir, le plus souvent, que toute la faute incombe à ce dernier. Ce ne sera donc qu'en instruisant constamment les cavaliers, du commencement du dressage à la fin, que ceux-ci arriveront à transmettre fidèlement à leurs chevaux leur volonté et pourront ainsi exécuter les mouvements prescrits.

Pour le travail du manège, il est bon de mettre des flanelles aux jeunes chevaux, afin d'éviter les suros résultant des coups qu'ils se donnent en croisant maladroitement leurs membres dans les différents mouvements. De plus, lorsqu'en faisant un mouvement les jeunes chevaux se font mal en s'atteignant avec leurs sabots ou leurs fers, ils manifestent ensuite, pendant quelquefois toute une séance, une telle mauvaise volonté à recommencer le mouvement qui leur a occasionné la souffrance, que l'on est parfois dans l'obligation de renoncer à le leur redemander ce jour même, pour ne pas trop les inquiéter.

La progression à suivre pour le travail en bridon peut être la suivante :

Marcher et arrêter.
Tourner à droite et à gauche.
Changer de main.
Passer du pas au trot et du trot au
  pas.
Marche circulaire.

Doubler dans la largeur, dans la longueur et sur un point quelconque de la piste.

Volte.

Demi-volte.

Reculer.

Allonger et ralentir le pas et le trot.

Travail en sens inverse.

Etant de pied ferme, marcher et étant au trot, arrêter.

Sortir du rang.

Laisser le cheval s'échapper au galop en allongeant le trot.

Passages et sauts d'obstacles.

Sauf la leçon de « Sortir du rang », qu'il est préférable de donner au moment de la descente de cheval, près des écuries, tout le travail qui précède peut donc se faire dans un manège. Il ne faut donc pas hésiter à y aller, surtout la première année, toutes les fois que l'on peut en avoir un à sa disposition. Le sol y est généralement plus doux qu'ailleurs, les chevaux sont plus attentifs et les murs mêmes aident le jeune cheval et guident le cavalier.

Les cavaliers amènent leurs chevaux à pied, en les tenant selon les prescriptions réglementaires, et se placent successivement en rang sur la ligne du milieu, mais sans se serrer. Après que l'instructeur s'est assuré que les chevaux sont bien bridonnés et bien sellés, il prescrit aux cavaliers de monter à cheval sans se presser, et il les répartit ensuite sur la piste à l'une ou l'autre main, en ordonnant pour cela à l'un des deux cavaliers des ailes de se porter en avant et aux autres de le suivre successivement.

Les cavaliers doivent avoir bien soin, dans l'exécution de tout mouvement, d'avoir toujours les jambes près et les rênes tendues ; car il est indispensable que le cheval se sente ainsi encadré pour qu'il ne devienne pas flottant et pour que les aides n'agissent pas par à-coup.

Il y a des mouvements, tels que le tourner, l'allongement ou le ralentissement des allures, les départs aux allures vives et les arrêts étant à ces dernières allures, le passage et les sauts d'obstacles, sur lesquels il est nécessaire d'insister ; tandis qu'il est possible de passer beaucoup plus rapidement sur les autres, procédant pour la plupart de ceux-ci.

Dans les à-droite, à gauche, demi-tour: les premiers changements de direction, en un mot, les cavaliers ont le défaut de ne pas ouvrir suffisamment la rêne directe et de ne presque jamais se servir assez de leurs jambes ; dans les allongements d'allures, il est difficile de leur faire rendre progressivement la main sans abandonner leurs chevaux, et, dans les ralentissements, ils n'étreignent pas leurs chevaux avec leurs jambes. Enfin, en ce qui concerne les départs aux allures vives, ils font partir leurs chevaux trop brusquement, sans transition, et ils les arrêtent de même : autant de remarques spéciales, sur lesquelles l'instructeur doit porter toute son attention.

En principe, il faut toujours s'enlever au trot dans le cours du dressage, sauf, pendant la deuxième phase au manège, pour les nouveaux mouvements du travail en bridon et pour le travail en bride où l'on doit prendre le trot assis.

Marcher et arrêter.

Cette leçon a déjà été donnée au travail à la longe. Veiller à ce que les cavaliers ferment les jambes progressivement, près des sangles, tout en rendant un peu la main, mais sans que les rênes deviennent flottantes.

Pour arrêter, ils doivent, en opérant une traction progressive sur les rênes et en rapprochant les jambes, bien porter le haut du corps en arrière, surtout dans les premières leçons, afin de faciliter le mouvement et de donner, en outre, par ce déplacement d'équilibre, une indication utile au cheval.

Une fois pour toutes, il faut bien recommander aux cavaliers, dès le début, de ne pas agir avec leurs jambes par petits coups répétés, comme s'ils étaient atteints d'un tic nerveux et désagréable. La pression des jambes doit s'exercer progressivement mais franchement, en augmentant d'intensité jusqu'à ce que le cheval ait obéi. Au cas où le cavalier a besoin de se reprendre avant que l'obéissance soit obtenue, il le fait sans que ses jambes bougent. C'est en étreignant le cheval avec force, comme une outre gonflée que l'on voudrait crever, que l'on arrive à faire jaillir le mouvement en avant. C'est parfois très pénible, mais il le faut.

Les petits coups répétés ne font qu'amuser ou agacer le cheval sans jamais forcer son obéissance. Il s'y habitue d'ailleurs bien vite et en arrive même à ne plus en tenir aucun compte.

De même, lorsqu'il sera nécessaire, plus tard, de se servir de l'éperon, il faudra bien se garder d'agir par petits coups, comme si l'on donnait des coups d'épingle; et aussi de coller l'éperon à la peau en pressant plus ou moins ou en chatouillant le cheval désagréablement. Quoi qu'en puissent dire certains auteurs, ce système est mauvais. Dans l'un et l'autre cas, l'éperon ainsi employé aura pour principal effet de provoquer des défenses. C'est avec ce procédé que l'on fait ruer les chevaux à la botte.

Evidemment, dans certains mouvements, comme l'appuyer, par exemple, il arrive que l'on a besoin de faire sentir un peu l'éperon délicatement pour venir en aide à la jambe. Mais c'est là une exception que doivent se permettre, seuls, des cavaliers sûrs d'eux-mêmes.

Il est inutile et même dangereux de l'apprendre aux hommes.

Les chevaux n'aiment pas être agacés, ce n'est que par la persuasion et en employant tour à tour la ruse ou la force que l'on arrive à les soumettre.

Si, dans un mouvement, le cheval ne répond pas, comme il convient, à une pression de jambes, un vigoureux coup d'éperon le rappelle à l'obéissance. Et c'est tout. La pression de la jambe revient immédiatement après et le cheval, châtié, y répond.

Il peut arriver aussi qu'un cavalier,

par sa maladresse, ait laissé prendre une mauvaise habitude à un cheval.

Dans ce cas, l'instructeur en revient, s'il y a lieu, à l'emploi du caveçon. Ce qu'il importe, en toute circonstance, c'est que le cavalier ne s'oppose pas avec les rênes au mouvement qu'il demande avec les autres aides.

Il faut demander tout travail sur le mouvement en avant, et, à cet effet, les jambes doivent toujours intervenir préalablement s'il y a lieu. De même, après l'arrêt, avoir bien soin d'ouvrir les doigts avant de relâcher les jambes, pour ne pas laisser le cheval sur l'arrière-main.

Tourner à droite et à gauche.

Cette leçon est très importante. Il ne faut pas avoir la prétention de la donner en un jour. On y arrive peu à peu. Il est nécessaire, pendant ce travail, d'observer, tour à tour, chacun des cavaliers, afin d'être bien certain qu'ils emploient judicieusement leurs aides.

Le cavalier désigné par l'instructeur tourne du côté indiqué et se dirige ensuite droit devant lui. L'instructeur l'arrête lorsqu'il le juge nécessaire et le remet sur la piste, la leçon terminée.

Dans le tourner, le cheval doit être

bien encadré entre les rênes et les jambes. Et il est nécessaire, les premiers temps, de bien ouvrir la rêne directe, en exagérant même, s'il le faut. Cet effet sera ensuite diminué progressivement et ramené à l'ouverture normale. Les jambes doivent agir fortement et près des sangles afin que le cheval tourne en avançant.

Il s'ensuit que le cavalier n'a pas à se préoccuper encore de ployer son cheval ; ce sera l'objet d'une leçon suivante donnée sur la ligne courbe pendant la « marche circulaire ». Il suffit, pour le moment, que le cheval arrive à tourner facilement des deux côtés.

Changer de main.

Pour exécuter ce mouvement, quitter la piste en arrivant sur l'un des grands côtés, traverser diagonalement le manège et reprendre la piste sur le grand côté opposé et à environ cinq ou six pas avant d'arriver au coin. Il faut éviter de demander quoi que ce soit aux jeunes chevaux sur la diagonale pendant le travail en bridon. On doit, au contraire, s'attacher à les maintenir droit en direction.

Passer du pas au trot et du trot au pas.

Pour passer du pas au trot, fermer progressivement les jambes jusqu'à ce que le cheval prenne le trot et rendre, en même temps, un peu la main. Il faut que le cheval coule dans l'allure en baissant légèrement la tête. Les jeunes chevaux sont toujours maladroits montés. Pour peu qu'ils soient poussés au trot, ils forgent. Il est donc nécessaire de les maintenir, pendant toute la première année, au moins, à un trot modéré.

Pour passer du trot au pas, le cavalier emploie les moyens prescrits pour passer du pas à l'arrêt en les limitant toutefois au degré voulu pour laisser le cheval au pas.

Marche circulaire.

A l'indication « en cercle », les cavaliers qui vont arriver vers le milieu du grand côté tournent à l'intérieur du manège et se dirigent de manière à circonscrire leur cercle entre les pistes et le milieu du manège.

Les chevaux sont ainsi répartis sur deux cercles et à la même main.

Sur le cercle, les cavaliers ajoutent aux

aides déjà mises en jeu pour le tourner, l'emploi de la jambe du dehors, laquelle agit un peu plus en arrière que la jambe du dedans de manière à ployer le cheval sur la ligne qu'il parcourt. Il ne faut pas que cette incurvation soit exagérée ; sans quoi elle serait plus nuisible qu'utile. Elle doit correspondre à la courbe du cercle, de sorte que plus celui-ci est étroit, plus le cheval doit être ployé. De même, sur le cercle, particulièrement aux allures vives, le haut du corps du cavalier doit avoir le même degré d'inclinaison que le cheval.

Les allures employées sont le pas et le trot d'abord et ensuite le galop, que l'on prend par allongement d'allure en continuant à cet effet la pression des jambes au trot jusqu'au moment où le galop est obtenu.

En principe, lorsque les chevaux, travaillant sur le cercle, font une « descente de main » il faut leur demander de la faire sur la rêne du dedans, puisque c'est surtout ce côté que l'on veut assouplir. Il n'y a, pour cela, qu'à rendre un peu plus de la rêne du dehors, au moment où le cheval baisse la tête. De la sorte, en même temps qu'une descente d'encolure, le cheval donne aussi une flexion de mâchoire, à bout de rênes; ce qui est un assouplissement excellent.

Le cavalier utilise ainsi les descentes de main que le cheval donne; mais il ne doit lui en demander lui-même que plus tard, après le « rassembler ».

Doubler.

Demander ce mouvement d'abord dans la largeur, puis dans la longueur, et enfin sur un point quelconque de la piste.

A l'indication de l'instructeur « Doublez dans la largeur », les cavaliers tournent dans l'intérieur du manège un peu avant d'arriver au milieu d'un grand côté et se dirigent bien droit sur le côté opposé, qu'ils rejoignent par un nouveau changement de direction semblable au premier.

Le « doubler dans la longueur » s'exécute comme le précédent, en partant des petits côtés, et le « doubler » se fait en partant du point où l'on se trouve lorsqu'il est commandé; mais il est bien entendu qu'il faut bannir de ces mouvements tout ensemble, chacun d'eux ne devant être entamé que lorsque le cavalier et le cheval sont prêts à l'exécuter.

Volte.

A l'indication du mouvement, décrire un cercle à l'intérieur du manège en appliquant les principes de la marche circulaire et reprendre la piste vers le point où on l'a quittée.

Le cercle ainsi tracé doit être réduit progressivement de manière à ne pas dépasser le milieu du manège.

Il est nécessaire de recommander presque constamment aux hommes, dans le travail en cercle, d'agir avec leurs jambes et de ne pas sortir de la piste brusquement, en commençant le mouvement.

Demi-volte.

Ce mouvement est commencé comme le précédent; mais, après être arrivé vers le milieu du manège, le cavalier cesse de tourner et se dirige obliquement vers la piste, qu'il rejoint à une nouvelle main en maintenant toujours, jusque-là, son cheval droit.

Reculer.

Le cheval ayant déjà appris à reculer au travail à la longe, le cavalier n'a qu'à exécuter ce mouvement comme il l'a fait déjà, ayant bien soin, toutefois, de le limiter à quelques pas d'abord, et faits lentement. Les mains doivent être maintenues basses, de manière que le cheval recule en baissant la tête. On doit le caresser pendant qu'il recule, de manière qu'il comprenne bien ce qu'on lui demande, et maintenir la direction avec les jambes, que l'on tient déjà très près pour empêcher l'acculement. Le cheval arrive ainsi bien vite à reculer aisément et à la moindre indication du cavalier.

Le « reculer » est aussi une excellente gymnastique pour le cheval. Quand il recule à une simple indication, avec aisance et la tête basse, en mâchant son mors, on peut être certain que son dressage est en bonne voie. C'est une preuve que le cavalier commence à lui « avoir la bouche ». Or ceci est le critérium du dressage. Pendant le « reculer », le cavalier, tout en maintenant toujours le contact de la bouche, doit agir cependant par tractions intermittentes, surtout dans les commencements. En arrêtant, fermer un peu plus les jambes afin que le cheval reporte son centre de gravité en avant.

Allonger et ralentir le pas et le trot.

On fait allonger le pas en rendant au cheval, sans cependant l'abandonner, et en le poussant fortement avec les jambes.

L'allongement du pas n'a pas, d'ailleurs, l'importance que beaucoup de militaires semblent y attacher. Comme les autres allures, le pas de chaque cheval est limité aux moyens que celui-ci tient de sa taille et de sa structure même.

Or, il suffit de quelques jours de route pour qu'un cheval que l'on a mis dans le rang donne au pas tout ce qu'il peut. Il n'y a donc pas à s'inquiéter de la vitesse de cette allure pendant le dressage.

C'est pour cela qu'il faut éviter de tracasser le cheval quand il est au pas, principalement le jeune cheval, lorsqu'on le met à cette allure entre deux temps de trot, pour lui donner un peu de repos, auquel il a droit.

Quant aux chevaux qui trottinent, ce sont presque toujours des chevaux nerveux, irritables, que les jambes ou le mors agacent et que tout contrarie. Habitués à toujours trottiner, ces chevaux arrivent à ne plus avoir de pas, à ne plus savoir marcher. Comme pour ceux dont le pas est court ou ralenti, quelques marches successives et prolongées suffisent généralement à les mettre au pas. Mais pendant le dressage le meilleur moyen pour cela consiste à les confier à un cavalier sûr, qui les montera isolément en paquetage, de manière à les charger le plus possible et s'efforcera de les calmer tout en ralentissant l'allure jusqu'à ce qu'ils trottinent au besoin sur place. Après quelques séances prolongées de ce travail, les chevaux se calment et se mettent par cela même au pas. Il faut tromper ceux qui ne trottinent qu'en retournant à l'écurie, en faisant, si c'est possible, un circuit pour rentrer, au lieu de les faire retourner sur leurs pas.

Avec ces chevaux, le trot employé doit être aussi très ralenti et il faut toujours s'enlever à l'anglaise, pour que la cadence en soit bien marquée.

Lorsqu'enfin un cheval ne trottine plus, promené isolément, on le prépare à marcher au pas en troupe en faisant aller avec lui d'abord un seul cheval, très calme, et ensuite deux, que l'on place à ses côtés.

Pour ralentir le pas, employer les moyens prescrits pour arrêter; mais en limitant l'action des rênes et en augmentant celle des jambes, de manière que le cheval se grandisse au lieu de traîner ses pieds et de s'affaisser sur les jarrets.

Travail en sens inverse.

Ce travail est excellent pour détruire chez le jeune cheval cette propension, cette affinité qui existe généralement entre tous les êtres de même espèce, mais particulièrement peut-être entre les chevaux.

L'instructeur désigne successivement les chevaux qu'il veut faire travailler en sens inverse, particulièrement ceux qui auraient le plus de tendance à tenir au rang.

A l'indication de l'instructeur, les cavaliers devant travailler en sens inverse font demi-tour à l'intérieur du manège et s'attachent ensuite à bien diriger leurs chevaux sur la nouvelle piste.

Immédiatement après avoir fait demi-tour, les jeunes chevaux se raidissent, ordinairement, hésitent, ne se livrent pas. Il faut les bien encadrer dans les rênes et les jambes et les laisser faire, en évitant à ce moment de les brusquer. Après quelques tours de manège, ils se mettent tout naturellement en confiance, et, peu à peu, ils prennent l'habitude de faire le demi-tour demandé et de se porter en avant sans hésiter.

Dans cet ordre, il est inutile de faire un grand nombre de mouvements. Le but que l'on se propose, c'est de mettre les chevaux en confiance et de leur donner la franchise à toutes les allures et dans toutes les directions. On n'a donc pas à exécuter des figures de carrousel.

Etant de pied ferme, marcher au trot.
Etant au trot, arrêter.

Employer les moyens prescrits précédemment pour produire une augmentation ou un ralentissement d'allure, en limitant les aides au degré voulu pour obtenir le résultat cherché.

Agir toujours très progressivement pour que les départs ne soient pas brusques et que les arrêts aient lieu sans à-coup.

Ce mouvement donne aussi d'excellents résultats lorsqu'il est fait sur le reculer. Il ne faut pas se lasser de recommander aux cavaliers d'agir toujours progressivement en maintenant leurs jambes près et leurs rênes tendues, soit pour passer du trot au reculer, soit pour passer du reculer au trot.

Ce mouvement est utile principalement aux chevaux qui ont la tête trop haute, ainsi qu'à ceux dont la mâchoire ne cède pas.

Pour éviter que les hommes n'agissent trop précipitamment, l'instructeur ne doit pas commander le reculer lorsque les chevaux sont au trot, ou bien le trot pendant que les chevaux reculent ; il vaut mieux, après avoir prévenu les cavaliers du mouvement à faire, commander l'arrêt d'abord, dans le premier cas, et ensuite le reculer un peu avant que les chevaux soient arrêtés. De même, sur le reculer, commander d'abord « en avant » et ensuite « au trot » (ou plus tard « au galop ») ; dès que le mouvement en avant est obtenu.

Sortir du rang.

En principe, il faut éviter de faire sortir les chevaux du rang pendant le cours des séances du dressage. Vouloir, en effet, obliger un jeune cheval, habitué à vivre en troupe, à se séparer brusquement des autres chevaux qui l'entourent, c'est ne pas craindre de provoquer de sa part une résistance à peu près certaine.

De plus, dans cette situation, le cheval est toujours favorisé au détriment du cavalier. En effet, comment s'y prendra-t-il, ce cavalier, pour corriger son cheval, si celui-ci ne veut pas marcher? Devra-t-il l'éperonner?

Mais les autres chevaux le gênent pour cela, comme d'ailleurs pour se servir de la cravache! En outre, si le cheval s'avise de ruer sous les coups, de graves accidents sont à craindre. Il reste encore le grand moyen! Recourir au caveçon et à la chambrière. Evidemment! En l'attirant d'un côté et le frappant de l'autre, à la fin il cédera bien, ce cheval : Il le faudra! Mais il est aussi très probable qu'il recommencera! Avec certains chevaux (les normands principalement), il arrive même parfois ce fait bizarre, qu'à la fin de la période du dressage, quand on a fréquemment réuni les chevaux en rang pour les faire sortir, on constate qu'il y en a davantage qui tiennent au rang que le premier jour! Il y a certains instructeurs qui ne laissent jamais échapper l'occasion de donner cette petite représentation de la « sortie du rang ». Ils profitent surtout des sauts d'obstacles pour cela! Avant le saut, ils réunissent leurs chevaux bien en rang, devant l'obstacle, et la double leçon commence : A cet effet, chaque cheval doit d'abord sortir du rang, pour sauter immédiatement après les obstacles !

Il est cependant bien facile de comprendre que le cheval, pour peu qu'il tienne déjà au rang, ne sera pas bien incité à le quitter pour aller franchir des obstacles qui se dressent devant lui ! On doit se garder, par conséquent, de pareilles fautes. Si, au travail à la longe, le cheval a bien reçu la leçon des jambes et de l'éperon; s'il est ensuite isolé fréquemment dans le cours du dressage, il ne « collera » que rarement au rang. Le seul moment propice pour faire sortir les jeunes chevaux du rang, c'est après le travail, avant de les rentrer à l'écurie.

Pour cela, les chevaux sont rangés face à celles-ci, et on les fait sortir du rang successivement pour les rentrer.

Dans ces conditions, il y en a peu qui rétivent, et encore, s'il s'en trouvait un, il vaudrait mieux, plutôt que de le battre, le prendre par la bride, pendant que son cavalier le stimulerait : en outre, un peu d'avoine, mise préalablement dans sa mangeoire, le guérirait bien vite de sa rétivité.

Il peut arriver cependant qu'un cheval insuffisamment confirmé refuse plus tard de sortir du rang à l'indication qui lui en est faite par son cavalier et que l'on n'ait pas sous la main le caveçon ou la chambrière nécessaires en pareil cas.

L'instructeur passe alors sa cravache au cavalier placé à gauche de celui dont le cheval rétive et lui prescrit de frapper ce cheval sur la croupe jusqu'à ce qu'il s'échappe en avant, en l'accompagnant, au besoin, pendant quelques pas, tandis que le cavalier qui le monte continue toujours la pression des jambes, les rênes tendues.

Enfin si, en dehors du dressage proprement dit, un cavalier se trouvait par hasard dans l'impossibilité de sortir du rang en avant par suite du mauvais vouloir de son cheval, il lui resterait encore la suprême ressource, au lieu d'engager la lutte avec lui et de courir ainsi le risque d'occasionner des accidents à ses voisins ou à leurs chevaux, de reculer jusqu'à ce qu'il fût sorti du rang loin en arrière. Il faut revenir ensuite aux principes élémentaires du dressage, le lendemain ou les jours suivants, dès qu'on le peut.

Laisser le cheval s'échapper au galop en allongeant le trot.

Revenir, pour cet exercice, à la marche circulaire et pousser les chevaux au trot jusqu'à ce qu'ils prennent le galop. Étant déjà habitués à galoper en cercle depuis le travail à la longe, ils prennent généralement le galop aux deux mains sans aucune difficulté. A l'indication « Marchez large », les cavaliers rejoignent la piste lorsqu'ils arrivent à proximité d'elle et redressent leurs chevaux en replaçant leurs mains et leurs jambes.

En principe, sur la ligne droite, le cheval doit être maintenu droit; cependant, pour le galop ralenti du manège, il est bon que le cheval de troupe reste placé du côté où il travaille.

A cet effet, le cavalier tend un peu plus la rêne de ce côté, de manière à apercevoir légèrement l'œil du cheval, et il soutient au besoin les hanches avec la jambe opposée.

Passages et sauts d'obstacles.

Les chevaux ayant appris le saut au travail à la longe, il ne restera donc qu'à les mettre sur l'obstacle sans l'aide du caveçon.

Procéder toujours avec méthode et sagement. A cet effet, pendant la dernière demi-heure du travail au manège, l'instructeur fera placer la barre par terre sur la ligne du milieu du manège, de manière qu'en doublant dans la longueur, tous les chevaux puissent successivement la passer plusieurs fois. Dans la suite, il la fera élever progressivement, comme précédemment au travail à la longe, en veillant à ce que les cavaliers encadrent toujours bien leurs chevaux jusque sur l'obstacle, ne les gênent pas pendant le saut, et surtout ne leur donnent pas d'à-coup lorsqu'ils se reçoivent après avoir sauté.

Ici, une question se pose ! Doit-on ouvrir les doigts au moment du saut pour laisser glisser les rênes ? Doit-on simplement fermer les doigts, afin de maintenir toujours, pendant et après le saut, les rênes ajustées ? Ou bien, enfin, *doit-on chercher à enlever le cheval, au moment où il aborde l'obstacle, en élevant un peu les poignets ?* Autant d'instructeurs, autant d'écoles, en général. L'académie de Saumur, elle-même, selon les idées du moment, enseigne l'une ou l'autre méthode. D'autre part, le règlement, en prescrivant au cavalier de « s'asseoir le plus possible au moment où le cheval s'élance », paraît être mal inspiré.

Pour savoir comment il doit se comporter pendant le saut, le cavalier n'a cependant qu'à examiner attentivement un cheval sautant tranquillement en liberté.

En se rapprochant de l'obstacle, celui-ci descendra la tête, de manière à le bien voir, et l'abordera toujours la tête basse.

En élevant ensuite sa tête, il élévera en même temps toute l'avant-main, les membres antérieurs repliés, et une fois l'avant-main en l'air, il plongera en avant, en étendant les membres antérieurs pour se recevoir. Enfin, dès que, après leur détente, les membres postérieurs se seront à leur tour repliés pour ne pas heurter l'obstacle, le cheval allégera son avant-main, en relevant un peu la tête. Tout ceci est élémentaire! Alors comment le cavalier devra-t-il s'y prendre avec son cheval pour ne pas le gêner? Il devra pour cela observer la position suivante. D'abord, rendre la main au moment où le cheval aborde l'obstacle, en la maintenant basse pendant tout le reste du saut, et se lier ensuite aux mouvements du cheval, de manière qu'il bascule en quelque sorte entre les genoux du cavalier formant pivots.

On sait que, plus l'allure est rapide, plus le cavalier, pour se lier aux mouvements du cheval, doit incliner le haut du corps en avant. Il résulte donc, de ce principe, que le cavalier doit avoir le haut du corps légèrement penché en avant, au moment où il aborde, au trot ou au galop, l'obstacle. Et cette position, il doit la conserver, même pendant que le cheval s'élance, car malgré l'inclinaison, il n'en repose pas moins toujours sur le dos du cheval, et aussi parce qu'en s'asseyant et opérant une retraite du corps, il chargerait d'abord trop l'arrière-main, et il courrait ensuite le risque d'être rejeté en avant, sur l'encolure, par l'arrière-main, lorsqu'à son tour celle-ci s'élèverait. Ce n'est donc pas avant de sauter que le cavalier doit fléchir le rein en arrière; c'est seulement pendant le saut que le cheval, par son mouvement de bascule, le lui fait ployer; c'est en somme en s'élevant que la croupe se rapproche elle-même du dos du cavalier, celui-ci se bornant à redresser le haut du corps et à le maintenir ensuite droit pendant la dernière partie du saut. Ce qu'il importe de comprendre, c'est que le cavalier ne doit pas redresser le haut du corps par un mouvement d'avant en arrière imprimé aux épaules, mais bien par le mouvement d'arrière en avant que l'élan du cheval donne aux parties inférieures de son corps pendant qu'il maintient en quelque sorte ses épaules en place.

Il résulte de ceci que pendant le « cabrer », qui constitue la première partie du saut en hauteur, le haut du corps du cavalier et les membres postérieurs du cheval arrivent à prendre une même inclinaison, d'arrière en avant, et à se confondre sensiblement en un même plan, tandis que dans le « plongeon » qui termine ce même saut, le mouvement de bascule qui se produit a pour résultat d'amener dans une situation identique, mais avec une direction inverse (d'avant en arrière) le haut du corps du cavalier et les membres antérieurs du cheval, conditions essentiellement favorables, dans l'un et l'autre cas, à l'exécution du mouvement.

Les sauts en largeur s'exécutent de la même manière, avec cette différence seulement que l'allure employée pour ces derniers sauts doit être assez vive pour que la vitesse acquise, venant en aide à l'élan, facilite le mouvement.

Après avoir franchi un obstacle, le cavalier aura donc toujours besoin de reprendre ses rênes s'il ne veut pas gêner son cheval pendant le saut et s'il a le désir de les garder ajustées aussi bien avant qu'après. Cependant, cette reprise de rênes n'est pas indispensable. Sans doute, il est bon de profiter de toutes les circonstances qui s'offrent pour habituer le cavalier à les manier, car il ne sera jamais trop rompu à cet exercice. Mais comme il peut se présenter certains cas, à la guerre, où il ne lui sera pas loisible d'ajuster ses rênes immédiatement après chaque obstacle, il est bon d'habituer les jeunes chevaux, la deuxième année, pendant le travail en bride, à passer une série d'obstacles sans que le cavalier ait besoin de les reprendre après chacun d'eux. Il suffit pour cela que celui-ci se lie bien aux mouvements du cheval pendant le saut, comme il a été dit, et qu'il rende la main en allongeant le bras, n'ouvrant au besoin les doigts que juste ce qu'il faut pour permettre au cheval de prendre la longueur de rêne qui lui est indispensable. Les doigts se refermant alors sur les rênes, les obstacles suivants pourront être franchis dans cette situation, et le cheval sera ainsi à l'aise, sans être cependant abandonné.

Lorsque les chevaux sautent tous les obstacles avec calme, isolément, il faut les préparer ensuite à sauter en troupe, en les mettant sur l'obstacle d'abord par deux, ensuite par trois, quatre et davantage, jusqu'au rang correspondant au front du peloton,

Chevaux qui bourrent à l'obstacle.

C'est souvent l'indice d'un dressage trop précipité. Il arrive cependant que des chevaux nerveux et trop ardents cherchent à gagner à la main en apercevant l'obstacle, fonçant dessus comme s'ils étaient irrésistiblement attirés par lui. Comme au travail à la longe, il faut d'abord réduire la hauteur de l'obstacle si c'est possible, en remettant au besoin la barre par terre, et ne l'élever ensuite que graduellement, lorsque le cheval ne manifeste plus aucune appréhension avant le saut.

Dans une reprise de dressage, il peut se faire que certains chevaux un peu « chauds » nécessitent pour eux des mesures spéciales, sans imposer toutefois l'obligation de revenir à l'emploi du caveçon. Tels, par exemple, ceux qui gagnent à la main, les rétifs et les « dérobards ». Tous ceux-là, il suffit bien souvent de les tromper pour leur faire exécuter tout naturellement un saut qu'ils redoutent et auquel ils finissent, dans la suite, par s'habituer.

Ainsi, prenons l'un de ces derniers chevaux, au moment où une reprise de dressage travaille dans un manège et voyons comment le cavalier va s'y prendre pour le faire sauter.

La barre étant placée au milieu du manège, comme il a été dit, et parallèlement aux petits côtés, le cavalier, en marche au trot sur la piste, après être arrivé à sa hauteur et l'avoir dépassé de quelques pas, doublera et marchera dans la nouvelle direction jusqu'à ce qu'il soit arrivé vis-à-vis le milieu de la barre. Faisant alors un nouvel à-droite ou à-gauche, il placera ainsi son cheval, par surprise, face à la barre et le poussera immédiatement en avant sur celle-ci. Etonné de se trouver subitement en présence d'un obstacle qu'il croyait avoir évité, le cheval, sous la poussée immédiate de son cavalier, n'aura pas le temps d'hésiter ni de se dérober et il passera. De même si, par un défaut inverse, le cheval est simplement trop ardent, il n'aura pas non plus le temps de bourrer sur l'obstacle, et il le passera tout tranquillement.

Enfin, il arrive parfois que des jeunes chevaux ruent immédiatement après le saut, cherchant en cela à se débarrasser de leur cavalier. C'est une petite espièglerie qu'un bon cavalier sait pardonner à son cheval. Il suffira, du reste, d'une petite correction, ou bien de parler sévèrement au cheval et de ne pas se laisser déplacer pour qu'il se corrige très rapidement. Quant à ceux qui accélèrent l'allure après avoir sauté, il faut d'abord que le cavalier cherche à les reprendre sans à-coup pour les ralentir progressivement; s'il ne peut y parvenir, il y a lieu de les remettre au caveçon et de leur faire sauter chaque fois plusieurs obstacles successifs et très rapprochés jusqu'à ce qu'ils soient bien confirmés dans le saut.

DEUXIÈME PHASE

Dressage complémentaire.

Le dressage complémentaire comprend deux périodes : la première, du 15 mars aux grandes manœuvres, et la seconde, de la reprise du travail qui suit les grandes manœuvres jusqu'aux grandes manœuvres suivantes.

Il a lieu en bridon pendant la première période et en bride pendant la deuxième.

Cependant, pour que le cheval ne se déshabitue pas entièrement de la bride et qu'il soit toujours prêt, par conséquent, à être utilisé au besoin dans le rang, on lui met la bride, une fois par semaine, pour la promenade hebdomadaire qui doit avoir lieu.

PREMIÈRE PÉRIODE

Travail en bridon.

Répétition de tous les mouvements exécutés précédemment pendant le dressage élémentaire, auxquels on ajoute les suivants :

La croupe en dedans ;
Demi-tour sur les épaules ;
Demi-tour sur les hanches ;
L'épaule en dedans ;
Appuyer ;
Départ au galop ;
Travail à l'extérieur.

Dans la répétition des mouvements déjà exécutés pendant le dressage élémentaire, on s'attache à réduire peu à peu les rayons des cercles jusqu'aux limites normales et l'on commence à obtenir un premier « rassembler », que l'on complétera plus tard au travail en bride.

On perfectionne surtout les mouvements d'allongement et de ralentissement d'allures et l'on confirme les chevaux au saut, en augmentant progressivement les dimensions des obstacles jusqu'aux limites réglementaires.

En outre des mouvements précédemment exposés, qui sont le tourner, les allongements, les ralentissements d'allures, les départs aux allures vives, les arrêts étant à ces dernières allures, il y aura lieu d'insister aussi désormais sur le suivants : les principes du galop, le travail à distances fixes, le passage et les sauts d'obstacles.

Quant aux principes du galop, c'est chose si difficile, qu'il n'est possible d'obtenir un bon résultat qu'avec des cavaliers bien instruits. Il faut bien exiger d'eux tous les mouvements sur les aides latérales (croupe en dedans, etc.), avant de passer à l'emploi des aides diagonales. Et il est à remarquer qu'aussi bien à ce moment que plus tard, lorsque les aides diagonales entreront en jeu, les cavaliers ont une tendance extrême à ne pas se servir de la jambe du dedans. Ils l'écartent même parfois du cheval, s'en servant comme d'un balancier pour rétablir leur équilibre; de sorte qu'au lieu d'appuyer ils font une « marche de travers », laquelle diffère essentiellement du mouvement projeté.

Un instructeur ne saurait porter trop d'attention à la bonne exécution de l'appuyer. Lorsqu'un cheval a déjà le mouvement en avant sur la ligne droite, il suffit de lui apprendre l'appuyer pour qu'il soit tout dressé. Aussi, l'instructeur ne doit pas hésiter à reprendre au besoin lui-même un cheval qui aurait été manqué à ce mouvement-là.

Il faut insister, insister toujours, pour

que les cavaliers étreignent leurs chevaux avec les deux jambes, pour soutenir l'impulsion en avant.

Et il ne faut pas craindre non plus de revenir aux effets latéraux toutes les fois que cela est nécessaire. L'emploi de la cravache est bien souvent aussi d'une grande utilité dans l'exécution de ce mouvement pour venir en aide à la jambe.

Ce qu'il faut surtout, c'est que, à la fin de ce travail, le cheval appuie dans toutes les directions, selon la volonté du cavalier, au lieu de suivre seulement le mur du manège et qu'il donne bien l'appuyer et non un déplacement latéral.

La croupe en dedans.

Le cheval ayant déjà appris à céder aux effets des jambes, lors du travail à la longe, le déplacement de la croupe, pendant la marche, sera par conséquent facile à obtenir. Le cavalier s'y prendra de la manière suivante :

Etant à main droite, fermer les doigts sur la rêne gauche pour déplacer la tête vers la gauche, tout en soutenant de la rêne droite ; glisser en même temps la jambe gauche un peu plus en arrière pour jeter les hanches vers la droite et

maintenir la jambe droite près pour soutenir l'allure et empêcher, au besoin, les
hanches de dévier trop à droite.

Lorsque le cheval a cédé à l'action des
aides pendant seulement quelques pas,
cesser l'action de la rêne et de la jambe
gauches, pour qu'il se redresse.

Ce mouvement est donc déterminé par
les aides latérales. Et, à cet effet, dès que
les hanches ont cédé à droite, la rêne
gauche, tout en continuant son action
première, doit venir s'appuyer sur le côté gauche de l'encolure pour aider au
déplacement de la masse du corps vers
la droite, dans le sens de la marche.

Demi-tour sur les épaules.

Le demi-tour sur les épaules complè-
te, en quelque sorte, le mouvement précédent. Lorsque le cheval est devenu très
léger aux effets de l'une et de l'autre
jambe, le cavalier commence par maintenir la croupe en dedans, comme il est
dit précédemment ; ensuite, au lieu de
modérer les effets des aides détermi-
nantes et de maintenir ainsi le cheval, il
les accentue, au contraire, en supprimant
toutefois l'appui de la rêne (rêne gauche étant à main droite) contre l'enco-

lure et en l'ouvrant au besoin légèrement jusqu'au moment où le cheval fait face de ce côté.

Les épaules et les hanches parcourent dans ce dernier mouvement deux cercles concentriques; celles-ci tournant autour des premières.

Quand les hanches arrivent sur la piste, le cavalier doit les recevoir sur la jambe du dehors et porter immédiatement son cheval en avant dans la nouvelle direction, par une vigoureuse pression des deux jambes, en rendant bien la main. Il faut, par conséquent, qu'après chaque demi-tour sur les épaules le cheval s'échappe au trot, au besoin, pendant quelques foulées. C'est le meilleur moyen de maintenir l'impulsion en avant, dont le cheval ne doit jamais se départir. Pour la bonne exécution de ce mouvement, il y a lieu de prescrire auparavant aux cavaliers de tracer une piste intérieure à deux mètres environ de la précédente.

Dans la suite, on diminuera progressivement l'effet de la jambe du dehors et l'on fermera un peu plus les doigts sur les rênes, de manière à arriver à l'immobilisation de l'avant-main. Mais il faudra toujours qu'à la fin du mouvement l'impulsion des deux jambes jette le cheval en avant.

Demi-tour sur les hanches.

Le demi-tour sur les hanches est un mouvement bien difficile pour vouloir en exiger, des hommes de troupe, la parfaite exécution, même à la fin du dressage. Il suffira, d'ailleurs, pour les besoins du dressage du cheval de troupe, que les épaules soient rendues suffisamment mobiles autour des hanches pour pouvoir décrire aisément, dans ce mouvement, un cercle plus grand que ces dernières.

Commencer le mouvement sur la marche au pas en se servant d'abord des aides latérales pour arriver ensuite à l'effet diagonal.

Le cheval étant en marche à main droite, porter les poignets un peu en arrière et à droite, pour jeter les épaules de ce côté, tout en provoquant un ralentissement d'allure ; glisser en même temps la jambe gauche un peu en arrière, pour pousser également les hanches vers la droite, et fermer la jambe droite près des sangles, afin d'empêcher l'acculement et de maintenir l'impulsion. Au moment où les épaules vont arriver sur la piste, exercer une vigoureuse pression des deux jambes, principalement de la jambe gauche, de manière que le cheval s'échappe en avant.

Les cercles sont ensuite raccourcis peu à peu au fur et à mesure des progrès que fait le cheval, et l'action de la rêne droite devient en même temps prédominante, l'effet diagonal se substituant ainsi peu à peu à l'effet latéral.

On prépare d'ailleurs les chevaux à ce mouvement en leur maintenant la croupe en dedans pendant le travail en cercle. On les dispose pour cela, ainsi qu'il est dit précédemment au sujet de la marche circulaire.

Epaule en dedans.

Au sujet de ce mouvement, non encore admis pour notre cheval de troupe, il y a lieu d'entrer ici dans quelques considérations.

Qu'est-ce que l'épaule en dedans? Ecoutons à ce sujet La Guérinière. Il nous dira que « cette leçon produit tant de bons effets à la fois, qu'il la regarde comme la première et la dernière de toutes celles qu'on peut donner à un cheval ».

A-t-on changé d'avis, à ce sujet, depuis le XVIIIe siècle? Les cours professés à notre Ecole de cavalerie vont nous l'apprendre : « L'épaule en dedans est le point de départ de l'assouplissement de l'avant-main ; elle donne le moyen de ployer les épaules et la colonne vertébrale et d'exercer les membres antérieurs à chevaucher facilement l'un sur l'autre. »

Puisque ce mouvement a toujours été reconnu comme donnant les meilleurs résultats, pourquoi donc est-il proscrit de l'enseignement de la troupe? Est-ce à cause de la difficulté qu'il y a à l'exécuter? Certes, tous les mouvements sont difficiles à bien faire! Mais, puisque l'on trouve bon d'apprendre aux chevaux de troupe l'appuyer, pourquoi négliger le mouvement préalable le plus propre à amener au résultat cherché?

Or, pour aussi difficile qu'il soit, ce mouvement ne l'est pas plus que l'appuyer!

Ce qu'il importe, c'est que l'explication en soit bien donnée aux cavaliers et que les chevaux soient placés, surtout au début, dans les conditions les meilleures pour l'exécuter.

Dans les *Réponses à un questionnaire d'équitation de l'Ecole de cavalerie,* on enseigne que le mouvement s'obtient de la façon suivante :

« Le cheval marchant à main droite, ouvrir la rêne droite en appuyant la rêne gauche sur l'encolure, comme si l'on voulait tourner à droite. Fermer la jambe droite, pour pousser la masse de droite à gauche, et glisser la jambe gauche en arrière des sangles, pour limiter autant que possible le déplacement des hanches. »

Il paraît préférable cependant d'exécuter d'une tout autre manière cet assouplissement.

D'abord qu'entend-on par mettre une épaule en dedans ?

Mettre l'épaule en dedans c'est la rentrer dans l'angle formé par l'encolure et le tronc, que l'on incurve respectivement du côté de cette épaule, et de telle sorte, que l'épaule opposée est amenée par cela même en avant. Or comme dans la marche cette dernière se trouve alors avoir besoin, pour gagner du terrain de ce côté, de faire effort sans cesse sur les tissus et ligaments bandés sur elle par suite de l'incurvation, il s'ensuit une détente progressive de ceux-ci et un développement des muscles qui la font mouvoir : ce qui facilite peu à peu ses mouvements et leur donne, en outre, un plus grande extension.

De plus, à l'aide de ce travail, on assouplit en même temps l'arrière-main, toute la colonne vertébrale, l'articulation de la tête avec l'encolure (*atloaxoïdienne*), et principalement la mâchoire.

Il est donc permis de dire, avec La Guérinière, que cette leçon est « la première et la dernière que l'on peut donner à un cheval.».

Voyons maintenant comment devra s'y prendre le cavalier pour exécuter ce mouvement. Le mécanisme en est assez simple.

Les jeunes chevaux ayant été déjà exercés à mettre la « croupe en dedans », le cavalier marchant à main droite, pour mettre l'épaule gauche en dedans, commencera par déplacer les hanches vers la droite, comme il a été dit précédemment au sujet de la mise de la croupe en dedans.

Évitant ensuite d'appuyer la rêne gauche contre l'encolure, il ajoutera aux aides déjà mises en jeu l'effet de la jambe droite. Et, poussant ainsi le cheval en avant dans la direction de l'épaule droite, en maintenant la tête, l'encolure, le dos, le rein et la croupe ployés à gauche, il obtiendra le mouvement cherché.

Ainsi, à l'indication « l'épaule en dedans », le cavalier marchant à main droite devra procéder de la façon suivante :

Tirer sur la rêne gauche en rapprochant un peu la main gauche du corps et tout en soutenant de la rêne droite, de manière à attirer la tête du cheval un peu au delà du demi-à-gauche ; exercer en même temps une pression de la jambe gauche pour jeter le cheval en avant sur l'épaule droite, pendant que la jambe droite, glissée au besoin un peu plus en arrière que la jambe gauche, maintient l'impulsion, tout en empêchant le cheval de trop se traverser.

Aux premières leçons, il ne faut pas être trop exigeant. On laissera, à la rigueur, le cheval se traverser un peu plus qu'il ne faut et l'on rectifiera ensuite peu à peu le mouvement, de manière que le cheval, incurvé à gauche, déplace sa croupe vers la droite de son épaisseur environ.

En résumé, le mouvement sera bien fait si le cheval, bien sur les rênes, s'échappe en avant, dans la direction de son épaule droite, ayant l'épaule et la hanche droites un peu en avant de leurs

opposées et conservant, avec son encolure, rouée à gauche, la tête basse et la
mâchoire flexible. Agir inversement pour
placer l'épaule droite en dedans.

Il est bien certain qu'ainsi demandé,
ce mouvement sera facilité au début par
le mur du manège; ensuite, il est toujours plus aisé de détacher les hanches de
la piste que les épaules, et surtout de les
maintenir au dehors. Le mouvement est
exécuté aux trois allures. Quand les
chevaux le donnent bien, on peut le faire exécuter sur la ligne du milieu, lors
du doubler dans la longueur.

Nota. — Exécuté contrairement aux
usages admis, on pourrait tout aussi
bien appeler ce mouvement « l'épaule
en dehors », d'autant plus qu'en ren-
trant une épaule, on sort toujours son
opposée, et qu'en outre l'expression
« épaule en dehors » est employée généralement pour le mouvement inverse de
l'épaule en dedans; mais l'appellation
consacrée rendant parfaitement l'idée
que l'on doit avoir du mouvement, il ne
paraît pas y avoir lieu d'en adopter une
autre.

Appuyer.

L'appuyer est le pivot du dressage

et comme le couronnement de tout le travail d'assouplissement.

Lorsque le cheval sait appuyer correctement et sans efforts, il est apte à exécuter tout mouvement, tout travail qu'il plaira au cavalier de lui enseigner. Mais connaît-il l'appuyer, le cheval qui se traverse plus ou moins sur la piste, le long du mur du manège? Non!

D'ailleurs, pour que le cheval appuie bien, il faut encore, quel que soit son savoir-faire, que le cavalier s'y prête, c'est-à-dire que celui-ci sache le diriger. Or, pour aussi paradoxal que cela paraisse, on peut dire, sans crainte de se tromper, que peu de cavaliers savent apprendre à leur cheval à exécuter ce mouvement correctement.

Dans l'appuyer, le cheval doit être léger à la main, avoir la tête assez haute et bien placée; l'encolure droite et maintenue dans la direction de la marche; le reste du corps légèrement incurvé de ce côté à partir du garrot, de manière que l'épaule et la hanche (droites, par exemple, dans l'appuyer à droite) se trouvent respectivement en avance sur leurs opposées.

Il est nécessaire également que, sur n'importe quel point du manège où le mouvement est exécuté, le cheval soit toujours bien dans ses rênes pendant toute la durée du mouvement et qu'il ait la mâchoire flexible.

Dans ces conditions, on peut dire que l'appuyer est parfait.

Voyons maintenant par quels moyens on peut y arriver.

En considérant les mouvements qui précèdent, il est facile de voir que tous ceux que l'on vient d'apprendre récemment au cheval y concourent : croupe en dedans, demi-tour sur les épaules, demi-tour sur les hanches, épaule en dedans, ne sont en effet que des assouplissements, en quelque sorte préparatoires, procédant l'un de l'autre et tous résumés dans l'appuyer.

Ainsi, c'est avec la « croupe en dedans » que l'on prépare le demi-tour sur les épaules ; avec le demi-tour sur les épaules que l'on mobilise les hanches ; avec le demi-tour sur les hanches que l'on mobilise les épaules ; avec l'épaule en dedans que l'on donne l'impulsion en avant dans la direction de l'épaule. Et enfin ce sont toutes ces actions réunies : impulsion dans le sens du mouvement et déplacement simultané des épaules et des hanches parallèlement qui constituent l'appuyer.

Il sera donc facile d'obtenir ce dernier mouvement si les mouvements préparatoires qui précèdent ont été préalablement bien compris et convenablement exécutés.

Pour l'appuyer à droite, le cavalier s'y prendra de la façon suivante :

Déplacer la croupe vers la droite, comme il a été dit précédemment lors de la mise de « la croupe en dedans », mais en ne s'aidant de la rêne gauche que selon les besoins ; la jambe droite fermée près des sangles pour maintenir l'impulsion en avant et limiter le déplacement des hanches. Céder ensuite peu à peu de la rêne gauche et faire prédominer l'action de la rêne droite, de manière à arriver ainsi à l'effet diagonal droit.

Pendant toute la durée de ce mouvement, la jambe gauche ne doit pas se borner à exercer une pression uniforme et continue ; il faut, au contraire, que tout en restant constamment en contact avec le cheval, son effet se fasse sentir par intermittences, de manière à jeter le cheval en avant dans la direction de son épaule droite, par des poussées successives, se produisant au moment où il est le plus facile au cheval de céder à leur effet.

C'est donc, dans l'appuyer à droite, au moment où le pied droit de devant se lève et au moment, par conséquent, où l'antérieur gauche se pose que la jambe gauche du cavalier doit vibrer ; car, à ce moment, le membre postérieur gauche s'élevant aussi, le cheval ne repose plus que sur le bipède diagonal gauche, ce qui lui donne toute facilité pour gagner du terrain en avant vers la droite.

Il faut ne pas trop insister, les premiers temps, et ne prolonger, par conséquent, le mouvement qu'au fur et à mesure que le cheval s'y prête.

Il peut être utile, dans certains cas, avec certains chevaux, de se servir de la cravache pour maintenir les hanches, concurremment avec la jambe, principalement avec les juments quinteuses.

Plus tard, l'appuyer doit être exécuté directement sur l'effet diagonal : jambe gauche, rêne droite et jambe droite, la rêne gauche soutenant la rêne droite et régularisant son effet. En somme, dans l'appuyer à droite, la jambe gauche jette le cheval sur la jambe droite, laquelle, en le recevant, résiste suffisamment pour que sa poussée ajoute à celle de la jambe gauche et se traduise par le mouvement en avant, dans la direction indiquée par la rêne droite.

Départs au galop.

Lorsque le cheval appuie bien au trot, le cavalier lui fait accélérer l'allure, dans ce mouvement, jusqu'à ce qu'il s'échappe au galop. Et lorsqu'il arrive à être rompu à cette gymnastique, il suffit, pour le faire partir au galop, d'employer les mêmes moyens, sauf à fermer plus ou moins les doigts sur les rênes en agissant en même temps un peu plus fortement de la jambe du dedans, afin que la transition d'allure soit plus rapide.

De même, le cheval étant au pas ou de pied ferme, pour le faire partir au galop à droite, glisser la jambe gauche un peu en arrière et agir des deux jambes plus ou moins énergiquement, selon la sensibilité du cheval, tout en fermant, en même temps, les doigts sur la rêne droite.

Avec un cheval fin et parfaitement équilibré, il n'est même pas nécessaire, à la fin du dressage, de glisser la jambe du dehors en arrière; il suffit seulement que son effet précède celui de l'autre jambe et que la rêne du dedans indique en même temps le mouvement.

Ce qu'il est nécessaire de bien faire remarquer aux hommes, c'est que le cheval ne doit pas partir comme une flèche, dès que le mouvement est commandé. Il est préférable, à cet effet, de ne pas se servir de l'expression «partez au galop», et de dire simplement «prenez le galop», afin que les hommes ne se figurent pas, ainsi que cela arrive le plus souvent, que les chevaux, étant de pied ferme, doivent, en quelque sorte, se cabrer pour s'élancer de suite au galop. On doit éviter aussi de recommander aux hommes de s'asseoir plus ou moins d'un côté ou de l'autre pour le départ au galop, sous prétexte d'alléger l'une ou l'autre épaule. Comme lorsque l'allure sera obtenue, pour partir, le cavalier doit rechercher l'équilibre en conservant le haut du corps droit, et s'il arrive à l'incliner un peu, ce doit être dans le sens du mouvement, car il ne saurait jamais venir à l'idée du cheval de porter par exemple son centre de gravité en arrière et à gauche pour s'échapper au galop à droite.

Passer du galop au trot.

Lorsque, au lieu de passer au trot

comme l'indication lui en est faite, un cheval s'obstine à rester au galop, en ralentissant cette allure, le cavalier, pour le forcer à prendre le trot, doit opérer une traction directe de la rêne, du côté où le cheval galope, afin de gêner le jeu de l'épaule du même côté, d'empêcher l'extension en avant du membre et de mettre ainsi le cheval dans l'obligation de changer d'allure.

La traction directe de la rêne ayant en même temps pour effet de jeter les hanches du côté opposé, il n'est pas nécessaire que les jambes viennent en aide à la main; leur effet doit être plutôt neutre, de manière à ne pas nuire à l'effet de la rêne.

Travail à l'extérieur.

Ce travail est commencé par les promenades à l'extérieur, qui ont lieu, avons-nous dit, au moins une fois par semaine, dès le début du dressage.

Pour ces promenades, il vaut mieux disposer les jeunes chevaux tout simplement par un ou par deux, selon le cas, sur les bas-côtés de la route et à une longueur de cheval environ l'un de l'autre, que de chercher à les isoler en leur faisant prendre de plus grandes distances.

C'est une erreur, en effet, de croire que l'on isole un cheval parce qu'on le maintient à vingt ou trente mètres de celui qui le précède. Bien souvent, le cheval qui en suit un autre à ces distances s'inquiète pendant toute la promenade, trottine, ne cherchant qu'à le rattraper. C'est donc un mauvais travail.

Pour isoler les jeunes chevaux, il suffit de les emmener de temps en temps sur le terrain de manœuvre et d'y faire un peu de travail à volonté aux allures modérées.

L'instructeur peut observer ainsi tous ses chevaux, et les cavaliers, se sentant surveillés, évitent de se livrer à des excentricités.

Certes, l'on doit être très partisan du travail isolé, car il a l'avantage de développer l'initiative du cavalier, de l'intéresser et de le rehausser même à ses propres yeux; mais il faut donner aux hommes, pour ce travail, des vieux chevaux et non des jeunes.

Le dressage est un travail trop délicat et trop important pour être sacrifié.

Pendant la dernière période du dressage, on peut préparer les chevaux, sur le terrain de manœuvre, au travail en reprise, en les mettant par deux, l'un derrière l'autre, à la distance qu'ils devront avoir plus tard, à l'école de peloton, entre les deux rangs, et en laissant ainsi, chaque file, travailler isolément à volonté.

C'est d'abord le deuxième cavalier qui se borne à suivre exactement son chef de file dans toutes les directions et quelle que soit l'allure en conservant sa distance; ensuite, pendant la reprise suivante, les rôles sont inversés, et c'est le nouveau chef de file qui dirige à son tour le cavalier qui le suit.

A cet effet, l'instructeur réunit ses hommes autour de lui, à portée de la voix, et les fait travailler au sifflet ou à la sonnerie du trompette.

Dans les garnisons où il est possible d'aller à travers champs, on peut, pour le travail d'extérieur, placer les chevaux en reprise à des distances d'environ une ou deux longueurs de cheval. Un sous-officier prend la tête et se conforme, pour les allures, aux indications que lui donne l'instructeur.

Le travail sur les grandes lignes trouve aussi sa place dans cette période.

Enfin si, par exception, on a besoin de faire travailler isolément un cheval, pendant quelques jours, à l'extérieur, il est bon d'interdire au cavalier toute autre allure que le pas.

DEUXIÈME PÉRIODE

Travail en bride.

A l'issue des grandes manœuvres, après quelques promenades et deux ou trois séances de travail en bridon, on recommence le travail en bride.

Tous les mouvements du travail en bridon sont répétés progressivement avec la bride, en faisant bien comprendre aux cavaliers qu'ils doivent désormais, à moins d'indication spéciale de l'instructeur, conduire toujours leurs chevaux sur le mors, le filet n'étant appelé à intervenir qu'en cas de nécessité, soit pour indiquer la direction au cheval, soit pour tromper l'appui du mors, si le cheval ne cédait pas à ses effets.

Après avoir travaillé pendant quelque temps au manège, il faut faire alterner ce travail avec le travail d'extérieur. Au dehors, on voit les fautes que commet le cheval; ensuite, aux séances de manège, on les combat. Avec la bride, on fait les mouvements plus serrés qu'en bridon, et l'on arrive, pour cela, au «rassembler» complet.

On enseigne, à cet effet, aux cavaliers que leurs chevaux seront bien en main lorsque, en fermant un peu leurs jambes et tendant légèrement leurs rênes, ceux-ci ramasseront leurs quatre membres sous eux, assez rapprochés les uns des autres, en ramenant la tête et en cédant de la mâchoire.

Ils seront alors prêts à exécuter tous les mouvements.

La progression à suivre pendant la deuxième période peut être la suivante :

Répétition avec la bride du travail en bridon ;

Travail à distances fixes ;

Travail sur de grandes lignes ;

Travail d'ensemble.

Répétition avec la bride du travail en bridon.

Ainsi qu'il a été dit, tous les mouvements précédemment enseignés au travail en bridon sont répétés avec la bride et resserrés, mais sans toutefois que l'allure cesse de rester coulante.

On habitue les chevaux à être conduits avec une seule main et à travailler par conséquent sur la rêne opposée.

Travail à distances fixes.

Le travail à distances fixes est la négation même de tous les principes du dressage enseignés jusque-là. Aussi, ce n'est qu'au dernier moment que l'on doit avoir recours à lui. Il est indispensable cependant de l'exécuter, afin de préparer les chevaux au travail d'ensemble.

Car le dressage n'est pas un but, mais seulement un moyen pour arriver à utiliser le cheval au mieux des intérêts de l'armée.

Ce travail est d'ailleurs beaucoup plus nécessaire aux hommes qu'aux chevaux, car si le dressage a été bien mené, les chevaux sauront s'arrêter progressivement, repartir facilement et les allures seront coulantes.

Il ne dépendra donc que des cavaliers de conserver les distances, puisque les chevaux n'auront besoin que d'être dirigés pour le faire. C'est surtout à ce travail de précision que chacun se rendra compte des résultats acquis et appréciera, comme ils le méritent, ces principes fondamentaux du dressage, en vertu desquels il est toujours prescrit d'avoir les jambes près et les rênes tendues.

Pendant le travail à distances fixes,

il ne faut pas confiner entièrement les jeunes chevaux dans un manège. On doit alterner avec le travail sur le terrain de manœuvre ou en terrain varié, afin de reposer les hommes et de ne pas inquiéter les chevaux.

On exécute ainsi en reprise les principaux mouvements du travail en bridon. Placés à 1 mètre 50 les uns des autres, les chevaux sont généralement répartis en deux reprises égales, marchant à la même main et se réglant l'une sur l'autre, de manière à passer simultanément sur des points opposés de la piste. Dans cet ordre, on peut également faire exécuter parfois des mouvements individuels, tels que la volte, la demi-volte, le doubler, etc., ou encore ces mêmes mouvements par reprises de deux, de trois ou de quatre, mais tous ces mouvements, faits plutôt pour intéresser les hommes ou les distraire, sont sans grand profit pour les chevaux. Il ne faut donc pas en abuser.

Travail sur de grandes lignes.

Le travail sur les grandes lignes s'exécute conformément au règlement, sur des grands rectangles de dimensions variables, selon l'allure employée.

Pour le galop ordinaire, on peut adopter les dimensions ci-après, qui permettent de vérifier facilement la vitesse des allures :

Grands côtés, 240 mètres ;

Petits côtés, 110 mètres.

L'un de ces côtés correspond, par conséquent, à la distance que doit parcourir un cheval en une minute, au pas, et l'autre à celle qu'il doit parcourir dans le même temps, au trot ; enfin, en tenant compte de l'arrondissement des coins, aux allures vives, on peut admettre aussi qu'au galop ordinaire le cheval devra parcourir, également en une minute, un grand et un petit côté.

C'est donc pendant ce travail que l'on s'attache particulièrement à régler la vitesse des allures, afin de bien rompre les chevaux à chacune d'elles ; que l'on habitue les jeunes chevaux au galop allongé et que l'on fait des exercices de charge.

Certainement, l'on ne fait pas tout le même jour; ce n'est que progressivement que l'on passe, comme toujours, d'un exercice à un autre, en évitant de surmener les chevaux pour ne pas tarer leurs membres.

On exerce aussi les jeunes chevaux à passer près des chandeliers ou de tout autre objet employé pour la course des têtes. Et à cet effet, il faut les leur faire raser plusieurs fois à toutes les allures, sans que le cavalier donne de coups de sabre, s'attachant uniquement à calmer son cheval.

Ce ne sera que lorsque les chevaux seront bien confirmés dans la direction que les cavaliers pourront se servir de leur sabre, et encore devront-ils ne pas abuser de cet exercice. Il est à remarquer que certains chevaux, bien en confiance, au début, arrivent peu à peu à fuir les chandeliers au lieu de s'habituer davantage à eux. C'est que leurs cavaliers, en donnant les coups de sabre, écartent en même temps la main de bride du côté opposé tout en tracassant leurs chevaux avec leurs jambes. Il est bon, dans ce cas, afin d'assurer la fixité de la main de bride, de prescrire aux cavaliers de saisir le pommeau de leurs selles avec cette main, sans abandonner les rênes, pendant toute la durée de leurs coups de sabre.

On profite, en outre, auparavant, du travail fait à volonté, sur le terrain de manœuvre, pour habituer définitivement les chevaux aux mouvements du sabre en donnant à cet effet, sans brusquerie, quelques coups à volonté. A la fin du travail sur les grandes lignes, on prépare aussi les chevaux au travail d'ensemble, en les réunissant par deux, ensuite par quatre et par six.

Travail d'ensemble.

Ce travail est commencé sur les grandes lignes. On met d'abord les chevaux par deux, ensuite par quatre et par six ainsi qu'il a été dit précédemment, en prescrivant aux cavaliers des ailes d'augmenter l'allure dans les changements de direction, de manière que le cheval, placé à l'intérieur, conserve toujours l'allure normale de la marche.

Les chevaux sont ensuite exercés à l'école de peloton, sur un seul rang d'abord, puis sur deux. Enfin, lorsque les chevaux sont calmes en peloton à toutes les allures, on les fait participer une fois par semaine à l'école d'escadron ou de régiment.

Les jeunes chevaux peuvent aussi prendre part aux exercices de service en campagne; mais il faut éviter de désigner les cavaliers qui les montent pour faire partie des patrouilles ou reconnaissances diverses, afin qu'ils ne se trouvent pas dans l'obligation de les surmener.

Durée des séances.

Le travail de manège, sérieusement exécuté, fatigue bien vite les hommes et les chevaux. Il ne faut donc pas en abuser : l'arc trop longtemps bandé se relâche et ne fonctionne bientôt plus. Il y a lieu, par conséquent, de couper ce travail par de fréquents et courts repos, pendant lesquels les cavaliers laissent marcher leurs chevaux tranquillement, au pas, la tête basse, sans toutefois que les rênes deviennent trop flottantes ; mais en évitant de les agacer en quoi que ce soit : rênes ou jambes.

Il convient, à cet effet, de ne pas prolonger la durée du travail de manège au-delà de une heure ou une heure et demie, et de le faire suivre, ou à la rigueur précéder, d'une promenade à l'extérieur d'une durée analogue. Cela repose les hommes, les distrait et calme les chevaux.

L'instructeur ne doit pas perdre de vue surtout que ses hommes ne feront un bon travail, c'est-à-dire n'obtiendront de bons résultats, que s'ils s'intéressent à ce qu'ils font, et s'ils sont contents de le faire. Toute contrainte est ennemie de l'art !

D'autre part, il est bien certain aussi qu'aucune règle fixe ne saurait être établie en ce qui concerne le passage d'un mouvement au suivant, ou d'un travail à l'autre.

C'est à l'officier chargé du dressage à diriger son travail, comme il l'entend, selon les circonstances, et en se basant sur les progrès que font ses chevaux. Mais il est toutefois un principe de dressage que l'on ne saurait violer impunément.

C'est qu'il ne faut jamais passer à un nouveau travail, avant que le cheval y soit entièrement préparé.

En effet, toute raideur de la mâchoire, tout mauvais pli de l'encolure, toute désobéissance à une aide, que l'on néglige de corriger, sont autant de défauts que l'on retrouvera plus tard et toujours, jusqu'à ce que l'on se soit décidé à les combattre et que l'on y ait réussi.

En résumé, aller lentement c'est aller sûrement et par conséquent aller vite.

Des chevaux peureux.

Avec ces chevaux il ne faut jamais trop insister. On n'arriverait qu'à augmenter leur crainte et leur irritabilité.

Cette cause est due d'ailleurs, presque toujours, à leur mauvaise vue. Il ne faut pas surtout vouloir les contraindre à flairer l'objet qui les effraie.

Plus l'on engagera de luttes avec eux, plus ils deviendront craintifs. Lorsqu'ils s'écartent d'un objet dont ils ont peur, il vaut mieux, au lieu de les ramener brusquement, leur céder, si c'est possible, et les faire revenir ensuite plusieurs fois au même endroit, en les rapprochant un peu plus chaque fois de ce qui leur a fait peur.

C'est, le plus souvent, en ne faisant pas cas de leurs hésitations ou de leurs écarts que l'on arrive à les rendre plus confiants. Et si, pour une cause quelconque, l'on est obligé de faire passer un cheval auprès d'un objet qui l'effraie, il ne faut pas hésiter à mettre pied à terre et à conduire le cheval par la bride jusqu'à ce qu'il prenne confiance. Ne pas perdre de vue, surtout, que ce n'est que par la douceur que l'on peut corriger plus ou moins ces défauts, et que le cheval s'habitue d'autant plus vite à ce qui lui fait peur, qu'il lui est laissé, à ce moment, une liberté plus grande. On peut même profiter, dans certains cas, de l'écurie pour le familiariser avec certains objets. Ainsi, lorsqu'un cheval a peur des papiers blancs qu'il rencontre sur sa route, il suffit d'en saturer sa litière pour qu'il n'en soit bientôt plus effrayé et qu'il se couche même dessus sans hésitation.

C'est également à l'écurie que l'on habitue les chevaux aux chiens en les enfermant ensemble dans une même écurie ou un même box.

Chevaux mal conformés.

Lorsque, par suite de mauvais jarrets, mauvais reins ou autres tares, un cheval souffre en faisant un exercice, il est impropre à ce travail et il faut éviter, par conséquent, de le lui demander. Mauvais cheval de selle, cet animal peut faire un bon cheval de trait. Il faut, par conséquent, si c'est possible, l'employer au service qui lui convient.

Des chevaux qui ruent.

Quoique exceptionnellement, il arrive cependant qu'un cheval, paraissant bien conformé et sans tare, souffre et ne peut supporter le poids du cavalier. Dans ce cas, il vaut mieux encore l'atteler que de chercher inutilement à remédier à un défaut inhérent à sa conformation.

Il y a également des juments trop impressionnables sur lesquelles il ne faut pas insister. Leurs ruades et leurs coups de pied sont parfois presque involontaires. On croirait que le siège de leur irritabilité réside entièrement dans leur arrière-train et que les muscles de ces régions ne sont plus sous la dépendance du cerveau. Semblables à une guêpe coupée en deux, dont l'aiguillon menace encore longtemps tout ce qui le frôle, ces animaux ne paraissent pas non plus libres de leurs mouvements, lesquels sont, d'ailleurs, toujours à redouter.

On arrive quelquefois à les corriger à l'aide du caveçon en s'en servant comme il a été dit au travail à la longe, en ce qui concerne la leçon de l'éperon.

Des chevaux qui se cabrent.

C'est une des plus mauvaises défenses que puisse avoir un cheval, surtout s'il a de mauvais jarrets.

Par la leçon de l'éperon, on arrive à y remédier. Quand cette leçon a été bien donnée, il suffit parfois de monter le cheval en lui laissant le caveçon pendant quelque temps et en agissant de la longe à cheval, comme précédemment à pied, dès que le cheval manifeste l'intention de se cabrer. Mais la première des conditions pour empêcher le cabrer, c'est de mettre le cheval sur les rênes! Ce qui lui manque, en effet, c'est le mouvement en avant, puisqu'il s'arrête, pour se cabrer!

Or si, fuyant l'éperon et la jambe, le cheval tire à la main, il ne songera pas à s'arrêter. Donc il ne faut pas hésiter à donner à tout cheval qui se cabre la leçon de l'éperon; d'abord au manège et ensuite, si c'est possible, sur le lieu même où il s'arrête pour se cabrer.

Il existe encore une foule d'autres moyens pour corriger ce défaut.

C'est bien souvent lorsqu'il est dirigé du côté opposé à l'écurie que le cheval se cabre. Un moyen, quelque peu brutal, certainement, mais aussi très sûr, peut être employé dans ce cas. Il s'agit de remettre à l'écurie le cheval qui, après s'être cabré et avoir fait demi-tour, y a ramené son cavalier et de lui administrer alors dans l'écurie une correction exceptionnelle dont il se souvienne.

Si, après cette leçon, il recommence, renouveler la correction jusqu'à ce qu'il ne cherche plus à y revenir.

Il finira toujours par céder. On emportera alors avec soi un peu d'avoine et, après avoir mis pied à terre, loin de l'écurie, on la lui donnera.

Ces corrections violentes sont, du reste, à éviter le plus possible, car, outre qu'il est difficile de les appliquer à point, elles peuvent donner lieu aussi à certains accidents.

Chevaux qui s'emportent.

Il arrive parfois, et pour des causes diverses, que des chevaux s'emportent. Dans ce cas, ainsi que l'indique le règlement, le premier devoir du cavalier consiste à en étudier la cause et à éviter de la faire naître. Il est bien rare qu'un tel cheval soit assoupli, ait la tête placée et soit obéissant aux aides ; qu'il soit dressé, en un mot !

S'il en est ainsi, il faut recommencer son dressage, en travaillant principalement les parties qui laissent à désirer, surtout la bouche.

Si le cheval porte au vent, on le baisse par l' « épaule en dedans » ; s'il s'encapuchonne, on supprime au besoin le mors que l'on remplace par un double filet et l'on cherche à lui relever la tête

en agissant brusquement avec le filet.
L'emploi d'une sous-gorge large, très
forte et tenue serrée autour de l'articulation de la tête et bien au-dessus des
ganaches, les empêche aussi, bien souvent, de trop ramener leur tête et par
conséquent de s'encapuchonner.

Mais il ne faut pas perdre de vue que
la plupart des chevaux qui s'emportent
ont besoin, tout d'abord, d'être mis en
confiance et d'être ensuite familiarisés
progressivement soit avec la vitesse des
allures, soit avec le bruit, soit avec le
contact des autres chevaux aux allures
vives.

Des chevaux trop difficiles à manier.

On rencontre parfois des chevaux d'u-
ne rigidité telle, qu'il paraît presque
impossible d'en venir à bout, surtout
avec des cavaliers médiocres. Les uns
ont en même temps la tête trop basse
et d'autres (les plus difficiles) au contraire portent au vent.

Pour assouplir rapidement ces chevaux, de manière à les mettre en état de
profiter ensuite des autres leçons du
dressage, il suffit de les faire travailler
pendant quelque temps à la longe, enrê-

nés à l'aide des rênes du bridon et du surfaix de voltige. On engage à cet effet le surfaix entre les deux rênes ; on sangle ensuite fortement et l'on raccourcit les rênes, du côté du mors, jusqu'à ce que le cheval ramène la tête. Après l'avoir ainsi placé de pied ferme, on le met en marche sur le cercle, à l'aide du caveçon et de la chambrière, conformément aux principes du travail à la longe.

Bien souvent, après avoir marché un moment, le cheval a tellement tiré sur ses rênes qu'il en est arrivé à reprendre la position de tête qu'il avait auparavant. Il faut alors l'arrêter, attendre qu'il baisse la tête et raccourcir un peu plus les rênes jusqu'à ce qu'il conserve la tête placée pendant la marche et à toutes les allures.

Il ne faut pas aller trop vite dans ces raccourcissement de rênes, autrement le cheval, trop brusquement enrêné, se camperait, refuserait d'avancer et se renverserait même, après s'être cabré, si l'on voulait s'obstiner à le pousser en avant.

Mais en allant sagement, en ne raccourcissant les rênes que peu à peu, à mesure que le cheval s'y prête, on arrive très vite à « ramener » n'importe quel cheval : ce qui avance ainsi son dressage et permet même d'obtenir des résultats auxquels certains cavaliers ne seraient jamais arrivés sans cela.

Si, au lieu du bridon, l'on emploie la bride, il faut avoir soin de ne pas mettre de gourmette. On devra bien faire attention aussi de ne pas blesser le cheval au garrot. Et, pour cela, il est bon de mettre une couverture repliée sous le surfaix.

Lorsque le cheval est placé et accepte son mors à toutes les allures, on termine ce travail en le faisant monter, aux deux ou trois dernières séances, par son cavalier.

En résumé, ce que l'on doit voir avant tout, dans le dressage du cheval de guerre, c'est le but ; et c'est, par conséquent, vers lui que doivent converger tous les moyens.

TABLE

Paris et Limoges. — Imp. milit. H. Charles-Lavauzelle.

www.ingramcontent.com/pod-product-compliance
Ingram Content Group UK Ltd.
Pitfield, Milton Keynes, MK11 3LW, UK
UKHW021737090726
13657UKWH00002B/755